2021年国内
旅游宣传推广优秀案例

文化和旅游部资源开发司　编

中国旅游出版社

策划编辑：谯　洁
责任编辑：刘志龙
责任印制：冯冬青
装帧设计：中文天地

图书在版编目（CIP）数据

2021年国内旅游宣传推广优秀案例 / 文化和旅游部
资源开发司编 . -- 北京：中国旅游出版社，2022.11
　　ISBN 978-7-5032-7052-9

　　Ⅰ. ① 2… Ⅱ. ①文… Ⅲ. ①旅游业—宣传工作—案
例—中国— 2021 Ⅳ . ① F592.3

中国版本图书馆 CIP 数据核字（2022）第 197669 号

书　　名：2021 年国内旅游宣传推广优秀案例

作　　者：文化和旅游部资源开发司　编
出版发行：中国旅游出版社
　　　　　（北京静安东里 6 号　邮编：100028）
　　　　　http://www.cttp.net.cn　E-mail: cttp@mct.gov.cn
　　　　　营销中心电话：010-57377108，010-57377109
　　　　　读者服务部电话：010-57377151
排　　版：北京中文天地文化艺术有限公司
印　　刷：北京工商事务印刷有限公司
版　　次：2022 年 11 月第 1 版　2022 年 11 月第 1 次印刷
开　　本：787 毫米 ×1092 毫米 1/16
印　　张：12.25
字　　数：206 千
定　　价：98.00 元
ＩＳＢＮ　978-7-5032-7052-9

目录
CONTENTS

100 家北京市文化旅游体验基地认定及宣传项目

——北京市文化和旅游局

一、案例简介

北京市文化旅游体验基地授牌仪式

  2019 年 8 月，国务院办公厅出台《关于进一步激发文化和旅游消费潜力的意见》，提出要发展新一代沉浸式体验型文化和旅游消费内容，丰富文化和旅游消费业态，增加优质文化和旅游供给。2019 年 12 月，北京市出台《关于推进北京市文化和旅游融合发展的意见》，提出"在文旅产品体系方面，北京将紧扣古都文化、红色文化、京味文化、创新文化四大主题打造文旅融合新产品新业态"的指导方针以及"深度挖掘北京文化生活内涵，对接沉浸式、体验式、互动式的旅游消费需求"的举措。

专家认定会现场

　　为落实文件要求，北京市文化和旅游局致力于打造一批文化旅游体验基地，将北京市丰富的文化供给资源转化为高质量的文化旅游产品，为中外游客切身体验首都博大精深的文化内涵提供更为多样的、个性化的选择和途径，也为文旅企业的产品设计和服务提供更为丰富的素材和样本，推动文化和旅游在更深层次、更高水平上的融合发展。截至 2021 年 12 月，北京市文化和旅游局已认定并发布 100 家北京市文化旅游体验基地，在社会引起广泛关注和影响。

二、活动内容与创新点

（一）聚焦文化和体验特色，组织认定 100 家北京市文化旅游体验基地，促进文化旅游融合发展

　　组织调研论证，多方搜集教育、科技、工业、中医药文化旅游点及古村落及名人故居等潜在资源点资料，把强调文化内涵和体验设计作为认定基地的原则，制定出台《北京市文化旅游体验基地认定及管理办法（试行）》（以下简称《办法》）及相关评分标准。基地认定工作启动后，依据《办法》和评分标准，按照公开征集、各区初评、专家认定、实地勘验等程序，2020 年组织认定首批文化旅游体验基地 16家，2021 年继续认定 84 家。按照传统文化、京味文化、多元文化空间、红色文化、

主会场嘉宾圆桌访谈

科技科普、乡土农耕文化六大主题，向社会公开发布了 100 家北京市文化旅游体验基地。

（二）树立品牌形象，整合全媒体资源，实现多渠道、多角度、多内容的营销推广

1. 线上线下同步举行 100 家北京市文化旅游体验基地发布会

2021 年 12 月，主题为"细品多彩文化 漫游魅力北京"的北京市文化旅游体验基地发布会以线上线下联合发布的形式举办。发布会的 1 个主会场和 5 个分会场同步进行了直播，每个会场代表一类主题。各区文旅局与行业专家、旅行商代表及媒体记者等应邀参加了线下发布活动，百家文化旅游体验基地和众多网友通过"北京旅游"抖音和"文旅北京"今日头条平台实时观看了发布会线上直播。

2. 整合全媒体资源，实现多渠道、多角度的宣传推广

百家文化旅游体验基地一经推出就受到了众多主流媒体的关注。中央电视台、北京电视台、《北京日报》、北京广播电台等数十家媒体均对此进行了多角度的报道或深度专访，对基地在文旅体验、跨界融合和创新发展等方面进行了广泛宣传，充分展现了基地的特色和多样的文旅产品供给。

北京旅游网以专题页面形式长期线上宣传，包括一部宣传片和百家基地详情介绍，网友可以通过百家基地宣传片直观了解百家基地的产品内容和资源特色。同时，网站还详细介绍了每个基地的体验项目、预约和接待情况等，使网友更多地了解到基地的相关信息。

此外，北京市文化和旅游局邀请来自全国各地的旅游达人，进行了一场沉浸式的基地体验之旅，并通过他们拍摄的一部部记录视频，向网友们"种草"了他们喜爱的基地，使北京的文旅产品在更大受众范围内得到展现。

同时编制百家《北京市文化旅游体验基地手册》纸质版和电子版，分别向各区文旅局、各地旅行商、旅游研究机构、景区单位、游客咨询服务中心等地发放，使其传播渠道实现了行业全覆盖。

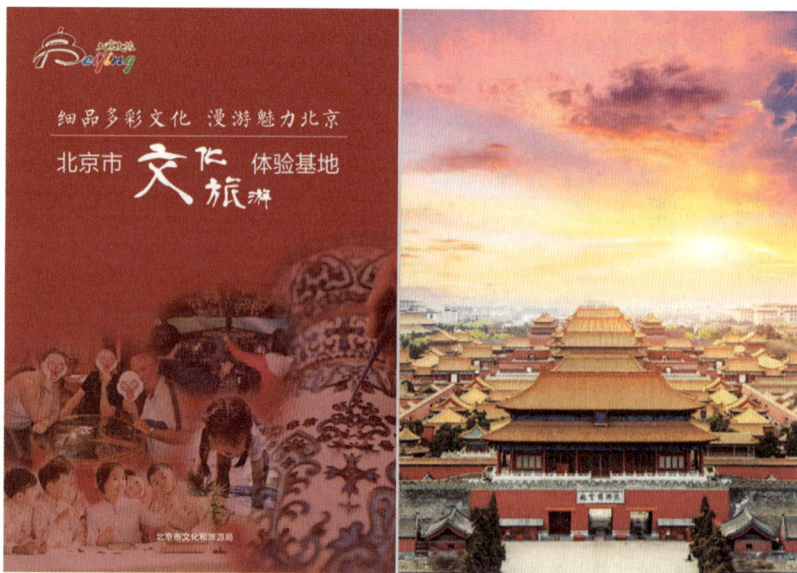

手册部分内容展示

（三）基地亮相 2021 年服贸会，打造文化旅游体验经济新趋势

作为 2021 年服贸会旅游服务版块的重要展示内容之一，北京市文化旅游体验基地于 2021 年 9 月在服贸会现场精彩亮相，集中展示了北京文化旅游体验的新产品及文化贸易的新服务、新业态，为业界和观众带来了一场别样的文化体验之旅。

在活动现场，多家体验基地带来的文旅体验活动和展示表演等特色鲜明、体验感好、互动性强，吸引了众多参观者跃跃欲试，热情参与。

此次亮相，为观众提供了"好看、好听、好玩"的现场体验，进一步树立了基地的品牌形象，拉动了文化旅游消费的新升级。

（四）五大方向齐发力，专业指导助力基地品牌价值提升

邀请文旅行业专家，结合各体验基地的硬件设施、接待服务及配套保障等情况实地调研，从品牌需求分析、案例教学、产品设计、服务标准、营销推广五个方向深入开展指导培训活动，助力基地品牌价值提升，扩大基地品牌提升计划的影响力。

提升指导工作邀请文旅行业专家深入基地，亲自体验服务，通过多角度观察，明确基地在品牌提升方面的实际需求，为基地运营把脉；案例教学对优秀基地运营经验进行总结、分享和示范；产品设计从体验流程的优化、产品亮点的挖掘等方面入手，帮助基地做好产品升级；服务标准培训则进一步推动基地服务标准化，提升游客的服务感受；营销推广培训从产品包装、产品宣传、推广平台等方面指导，帮助基地提高宣传推广能力。

三、经济与社会效益

（一）"北京市文化旅游体验基地"粗具品牌影响力和美誉度

2020～2021年，北京文化旅游体验基地认定活动受到了媒体广泛关注，主流媒体、认定单位、业内媒体都参与到活动的传播中来。执行期间，央视新闻、北京新闻等均有报道，《北京日报》《人民日报》等北京本地纸媒大篇幅刊载项目情况；多位旅游达人参与新浪微博话题互动，获得超2000万次的阅读量；专题页面累计曝光量约500万次。百家北京市文化旅游体验基地名录发布后，"北京市文化旅游体验基地"这一关键词被广泛传播，收到众多公众和旅游企业的关注和咨询。通过网络专题页面、旅游业内媒体横幅广告投放、旅游达人话题互动、服贸会集中亮相、发布会直播等多形式、多渠道、多阶段的宣传造势，"北京市文化旅游体

验基地"已粗具品牌影响力和美誉度，全力推动了具有北京文化特色的旅游体验新潮流。

（二）丰富北京旅游产品文化内涵，助力北京文旅融合示范体系构建

《中华人民共和国国民经济和社会发展第十四个五年规划和 2035 年远景目标纲要》中明确提出，推动文化和旅游融合发展，坚持以文塑旅、以旅彰文，打造独具魅力的中华文化旅游体验。北京市委市政府高度重视文化和旅游融合发展工作，将百家北京市文化旅游体验基地工作列入《2021 年市政府工作报告重点任务清单》中。北京市文化旅游体验基地项目是北京市文化和旅游局立足文旅新发展阶段、坚持新发展理念、构建新发展格局的积极探索，具有重要的现实意义。

百家北京市文化旅游体验基地涵盖了传统文化、京味文化、多元文化空间、红色文化、科技科普文化和乡土农耕文化六大主题，衍生出 1500 余种文化旅游体验产品，年接待游客数超 2000 万人次，丰富了旅游产品的文化内涵，助力文化旅游体验新消费的迭代升级，推进文化和旅游的真融合、广融合、深融合，实现资源共享、优势互补、协同并进。

（三）深挖沉浸式体验型文化和旅游消费内容，增加优质文化和旅游供给

聚焦文旅行业的消费趋势，最大的变化是"个性化""体验式"成为新一代旅游的主流。通过体验式文化旅游产品，让广大民众对文化的了解不限于阅读，还能亲自感受到、触摸到，在体验参与中感受文化之美、文化之魂，是文化旅游的核心和价值所在。

北京市文化和旅游局努力推动文化和旅游供给侧结构性改革，通过对文旅资源进行要素梳理、产品创新、体验和服务体系搭建、品牌打造，挖掘体验式文化旅游产品，更好地满足游客和市民注重文化内涵、追求互动体验的文旅消费需求，提升文旅产品供给体系对北京高品质文旅发展的适配性，助力首都文化建设和北京市文旅产业的复苏。

（四）百家基地多样化特色吸引多方关注

北京市文化旅游体验基地注重在文旅融合、跨界融合和创新发展方面的开拓，自推出后便受到了多方关注，每个基地的独到之处令不少资深旅游业内人士感到惊喜，也给市民、游客带来了新鲜感。

北京市文化旅游体验基地的认定让不同类型的文旅企业参与进来，百家体验基地的多元性和多样化为旅游企业设计产品提供了更多的选择，也让首都北京多样的文化有了更多的载体，为市民和海内外游客感受北京历史文化魅力提供了新的渠道和平台。

专家点评

北京市文化和旅游局经过精心策划和组织，打造一批文化旅游体验基地，将北京市丰富的文化供给资源转化为高质量的文化旅游产品，为中外游客切身体验首都博大精深的文化内涵提供更为多样的、个性化的选择和途径，也为文旅企业的产品设计和服务提供更为丰富的素材和样本，有力地推动了文化和旅游在更深层次、更高水平上的融合发展。引发了良好的社会反响，也为北京文旅的提质增效、打造品牌注入了强大的内生动能。

"河北邀约"叫响"京畿福地乐享河北"旅游品牌

——河北省文化和旅游厅

习近平总书记指出,"旅游是传播文明、交流文化、增进友谊的桥梁,是人民生活水平提高的一个重要指标"。"旅游是增强人们亲近感的最好方式。"发展旅游业,从根本上说就是为了提升人民群众的获得感、幸福感。在习近平新时代中国特色社会主义思想指引下,河北不断丰富"京畿福地 乐享河北"旅游品牌内涵,在充分运用自身区位优势和资源禀赋的基础上,顺应新时代游客对旅游的体验性需求,打造体验感强、收获感足的旅游产品,引导游客通过"乐享"带来的获得感、幸福感引发旅游品牌共鸣,形成强大的感召力。

为塑造更加富有时代气质、河北特色的宣传营销品牌,让游客重新发现河北、认识河北,河北省文化和旅游厅特别打造"河北邀约"系列宣传营销活动并进行持续推广,通过对游客、旅游推广联盟、旅行社、行业协会、媒体等不同群体发出邀约,扩大河北旅游知名度与影响力,叫响"京畿福地 乐享河北"旅游品牌。

京畿福地 乐享河北
Enjoy Hebei

一、案例简介

（一）实施背景

"京畿福地 乐享河北"，是在 2016 年通过全球征集推选的河北旅游总品牌。经过多年来的丰富和完善，已成长为全国具有较强影响力的省域旅游品牌。在旅游目的地显著位置、交通枢纽、媒体等形象宣传资源上，该品牌随处可见，河北的各类宣传推广活动也对其进行了强势传播，使这一品牌形象广为人知，并逐步从单纯的旅游品牌提升为河北整体形象的标识。

品牌形象塑造不仅需要广度，更需要深度。在叫响总品牌的同时，河北省文化和旅游厅着力打造精准的推广品牌，集中推介标志性文化资源、推出引起全社会聚焦的现象级作品和活动，推出"河北邀约"系列宣传营销活动，提升品牌价值，助力河北旅游业高质量发展。

活动现场

京畿福地·乐享河北 500 条精品旅游线路宣传

（二）推广方式

依托旅游资源主题举办推介活动，构筑河北旅游品牌影响力；

向与旅游相关的各群体发出邀约，通过落地活动增强品牌吸引力；

通过河北文旅融媒体，开展主题宣传，提升品牌传播力。

二、具体做法

（一）河北邀约——2021 全国旅行商大会暨河北旅游精品线路发布活动

活动于 2021 年 7 月 15 日在北京举行。通过携手重点媒体、OTA 平台及重点行业企业开启全媒体、全平台和跨界文旅宣传合作，为旅行商搭建起交流合作的平台。

全国百强旅行商"送客入冀"。活动中，中国旅行社协会组织中国铁道旅行社集团有限公司、厦门建发国际旅行社集团有限公司、陕西中国旅行社有限责任公司、山西红马国际旅行社有限公司等全国 112 家知名旅行商共同发布了《全国旅行

旅行商送客入冀发布仪式现场

商"送客入冀"合作宣言》，依托全国旅行商加快"送客入冀"步伐，在更大范围、更宽领域、更深层次搭建市场合作共赢平台。

进行旅行商合作洽谈、实地踩线。全国百强旅行社代表与河北 50 余家旅行商在现场合作洽谈。特别设置线上洽谈室，为全国旅行商搭建"永不落幕"的旅行商沟通对接平台。会后，与会的全国旅行商分为南、北两条线路，赴石家庄西柏坡、保定白石山、张家口太舞滑雪小镇、承德避暑山庄等河北省代表性景区现场考察，通过帮助旅行商更加深入地了解河北旅游资源产品，促成更多务实合作。

发布旅游产品。全新发布"京畿福地　乐享河北 500 条精品旅游线路"，以红色游、文化游、生态游、自驾游、高铁游 5 大主题为脉络分别集结成册，每册收录约百条旅游线路。为便于游客使用，每个主题线路后附有旅游小贴士，包含必看景点、必吃美食、必购特产和沿途酒店，增强线路的实用性。同步推出线路电子书，并将其上线"一部手机游河北"乐游冀、河北旅游资讯网等平台，在河北文旅融媒体平台及各品牌营销活动广泛宣传推广。

开展形式丰富的推介活动。发布河北文旅最新主题 MV《这么近，那么美》；旅游媒体、导游员、旅游达人、学生等不同群体的代表，以沉浸式讲述的形式推介

签约仪式现场

"京畿福地　乐享河北"品牌。

全平台共振，跨行业联合宣传推介。河北省文化和旅游厅为河北省政府驻京办事处授牌"河北文化和旅游（北京）推广中心"，与《中国文化报》《中国旅游报》、人民网、北京广播电视台、字节跳动、百度、美团等开展全媒体宣传、全平台合作，通过发挥权威媒体和新媒体各自优势，形成河北文旅宣传推广大声势，最大限度将品牌宣传成果转化为网络流量和产品销量。与中国石油河北销售公司、河北航空公司、君乐宝乳业集团举行了跨界合作年度签约，发布"亿元加油券""旅行商专享满减"，扩大河北文旅"朋友圈"，为游客、旅行社提供更多优惠。

（二）长城之约——长城国家文化公园宣传推广活动暨中国长城旅游市场推广联盟年度活动

活动于 2021 年 7 月 27 日在河北省张家口市举办。活动依托旅游推广联盟整合优质资源，使长城文化融入群众生活，不断将长城这项文化遗产更好、更有力地推向全国、推向世界。

在全国率先推出《长城国家文化公园（河北段）精品线路册》。包含 4 大主题12 条精品线路，精心设计了 2 日、3 日、4 日游精品线路，景区景点、特色美食、文创和旅游商品、酒店住宿、交通行程等应有尽有，为游客提供了翔实便利的出行

活动现场

参考。手册在"学习强国"总平台全本刊出。

发布了首个包含 15 省区市长城旅游资源的《中国长城旅游产品手册》。作为中国长城旅游市场推广联盟秘书处单位，河北省文化和旅游厅与长城旅游市场推广联盟各省区市文旅部门群策群力，推出主题明确、内容丰富的长城旅游产品。长城沿线15 个省区市的文化旅游资源及线路交通、美食购物、民俗节庆等相关信息尽在其中。

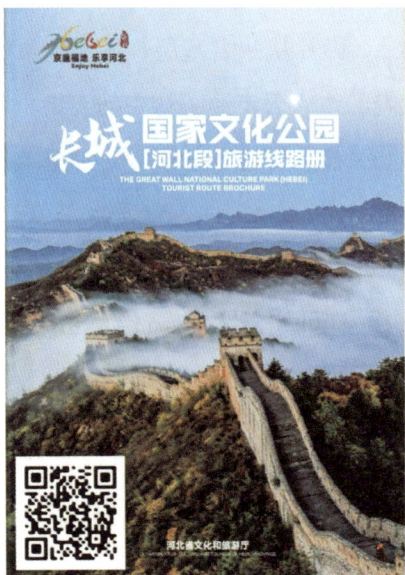

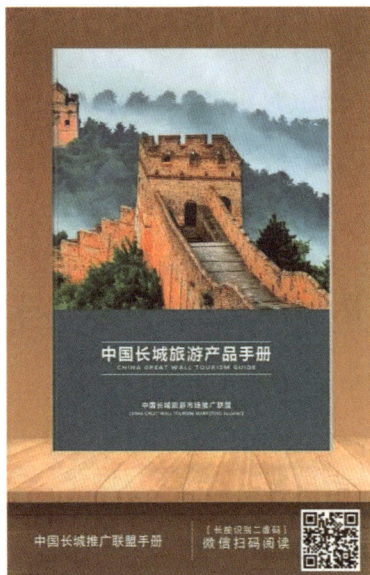

精品线路册

"可阅读长城数字云平台"上线

"可阅读长城数字云平台"上线。平台是由河北省文化和旅游厅在全国长城沿线省份中率先打造的"可观看、可阅读、可体验、可感悟、可游购"的长城公共文化线上平台。采用了云计算、大数据、VR 全景、手绘地图、3D 建模、智能导览等技术手段,使游客可以云"游"全貌、览"观"古今、品"读"文化、智"游"雄关,随时随地感受长城的文化魅力和雄伟壮丽,真正实现了"一部手机游长城"。

倾力制作了微电影《一块砖都不能少》。影片从一名基层长城保护员的日常工作展开,因为长城少了一块砖,倔强又执着的主人公走遍了村中的大街小巷,逐一查问有关人员,发生了一连串让人忍俊不禁又感人至深的故事。影片播放完后,现场不少嘉宾感动落泪。

(三)冰雪之约——"激情冬奥 相约河北"系列宣传活动

活动于 2021 年 11 月启动。通过开展融媒体宣传、策划创意营销活动、推出迎冬奥文创产品、加强跨界合作等形式,借势冬奥推动河北冰雪旅游高质量发展。

文旅融媒体联动宣传。在中央电视台"新闻联播""新闻 30 分"等重要电视节目前后,播出含有"激情冬奥 相约河北"宣传语的主题宣传片;与河北日报报业集团合作,推出《河北日报》《河北旅游》杂志"激情冬奥 相约河北"专版专刊;

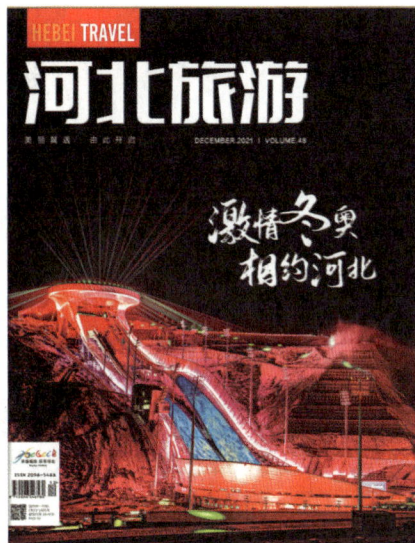

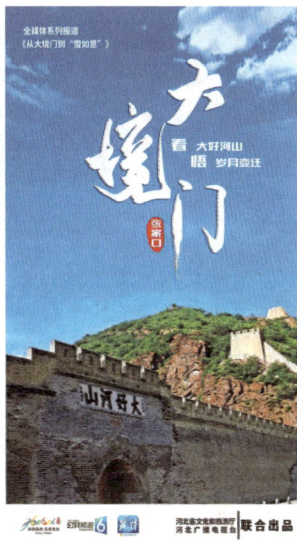

与河北广播电视台交通广播合作推出"激情冬奥　相约河北"全景直播，与公共频道策划推出全媒体系列报道《从大境门到"雪如意"》。新媒体方面，在抖音、百度、新浪微博、微信、快手、腾讯微视等多家新媒体平台以及自媒体达人账号上开设相关话题专栏。#张家口新春喜庆氛围迎冬奥＃ ＃游冬奥之城张家口＃ ＃崇礼菜单都有啥＃ ＃冬奥的河北式浪漫＃等可参与度极强的话题，引发网友的关注和评论，总阅读量达 3000 万人次。

面向重点客源市场精准营销。在北京地铁、楼宇、社区、商业综合体等人流量大、关注度高的媒体平台，面向政企职工、商务人士等消费力强、冬游需求旺盛的重点人群进行冬季旅游精准宣传。启动"长三角、珠三角千人冬游河北"项目，组织长三角、珠三角主题航班旅行团、高铁游旅行团到访河北，数千名游客参团入冀，参与冰雪游等主题行程，实现河北文旅由品牌推广到产品营销落地的发展。

打造冰雪主题文创产品。举办"河北游礼"迎冬奥文创和旅游商品征集遴选活动，遴选出 500 件（套）能够融入冬奥场景、进入冬奥生活，时尚化、品牌化的"河北游礼"系列文创和旅游商品。制作冬奥系列宣传品，包括民俗特色鲜明的剪纸文创，河北旅游宣传折页、指南、河北旅游大画册等，用于冬奥会期间在崇礼相关酒店等场所摆放赠送，多角度、多方面地展示河北的历史文化、自然风光和民俗

"河北游礼"迎冬奥文创和旅游商品

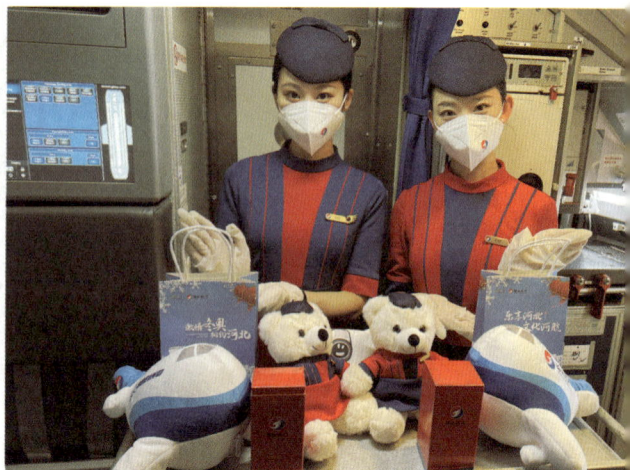

河北航空冰雪之约跨界宣传

风情，让境内外嘉宾了解河北，走进河北，乐享河北。

"旅游+"跨界宣传。联合河北航空开展"激情冬奥　相约河北"空中推广，航行途中播放精心制作的河北冰雪旅游宣传片和广播，在石家庄机场河北航空值机柜台及休息室广告媒介播出展示冬奥主题系列动画，同时在贵宾厅打造"激情冬奥　相约河北"文化墙，形成"河北旅游空中推广中心"。与君乐宝乳业合作，推出"激情冬奥　相约河北"限定款河北文化包装牛奶，以蔚县剪纸展示河北冰雪文化魅力。

三、主要成效

"河北邀约"系列宣传营销活动，通过精准的宣传定位、鲜明的宣传主题，充分展现了"京畿福地　乐享河北"品牌强大的吸引力和感染力。各活动层层递进，不断升温，营造了浓厚的宣传氛围，受到游客的广泛好评。统计显示，三场活动分别有数十家媒体平台进行报道，形成了覆盖"报、网、微、端、屏"的全媒体全平台宣传格局，有关报道综合阅读量突破 1 亿人次，除实地出游探访外，大量游客通过观看活动线上直播云游京畿福地，乐享美丽河北。

专家点评

　　"河北邀约"系列宣传营销活动，通过持续推广，对游客、旅游推广联盟、旅行社、行业协会、媒体等不同群体发出邀约，各项活动层层递进，不断升温，营造了浓厚的宣传氛围。其精准的宣传定位、鲜明的宣传主题，充分展现了"京畿福地 乐享河北"品牌强大的吸引力和感染力，营销活动受到游客的广泛好评。统计显示，三场活动分别有数十家媒体平台进行报道，形成了覆盖"报、网、微、端、屏"的全媒体全平台宣传格局，有关报道综合阅读量突破 1 亿人次，持续扩大了河北旅游的知名度与影响力，叫响"京畿福地 乐享河北"旅游品牌。

100 件文物
读中华文明史

——山西省文化和旅游厅

　　山西是全国文物和文化大省，全国重点文物保护单位数量居全国第一，拥有"华夏文明地上博物馆"的美誉。中华五千年文明都可以在山西 15.6 万平方公里的古老大地上找到印记。按照历史分期，挖掘 100 件山西大地上的文物，借由文物视角讲述中华文明史，是深入贯彻习近平总书记"让旅游成为人们感悟中华文化、增强文化自信的过程"的重要指示，也是山西文旅为提升中华民族文化自信，助力中华民族伟大复兴打出的一张富有山西特色的"好牌"。做好国宝级文物的阐释、弘

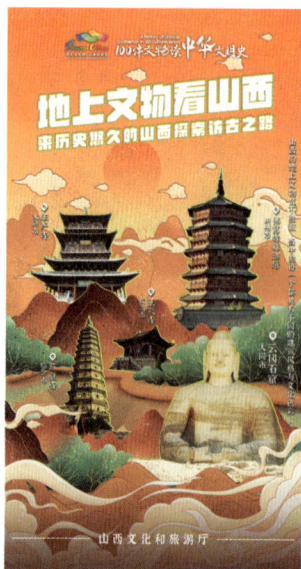

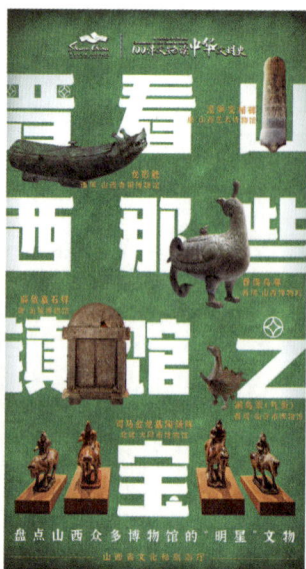

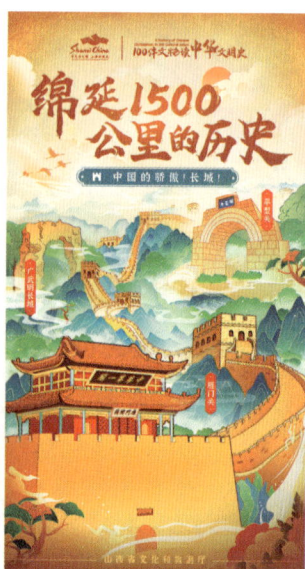

主题海报合集

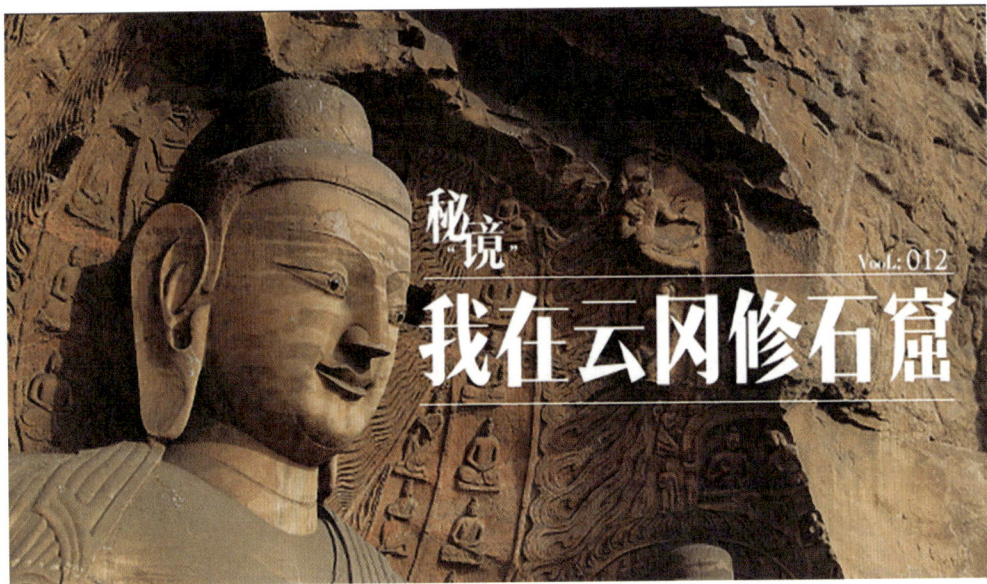

主题海报

扬，是人们感悟中华文化、增强文化自信的前提与基础，并能打造文旅营销新标杆，为助力山西文旅在互联网时代下成功"出圈"提供新的营销玩法。

为此，山西省文化和旅游厅策划了"100 件文物读中华文明史"大型品牌营销项目，携手"耳朵里的博物馆"、网易游戏、腾讯动漫等品牌为项目助力，鼓励所有游客"走晋看"，游览山西大地上的文物，阅读浓缩的中华文明史诗。

一、品牌目标受众

到山西旅游的游客大多数来自北京、河北、河南、山东、江苏、陕西、广东、天津、浙江这些经济发达省市。这其中主要包含两类人群：一是对古建筑与文博感兴趣的中青年客群。人们常说"地上文物看山西"，山西是文物古建大省，截至2019 年，山西共有全国重点文物保护单位 531 处，其中，山西古建筑占现有全国国保古建筑总数近五分之一，数量傲居全国第一。对于中国传统文化与古建筑感兴趣的人群来说，山西是他们旅游目的地的首选。二是对历史文化游感兴趣的亲子研学客群。山西有丰富的博物馆资源，山西现在有 6 个国家一级博物馆，其中山西博物院丰富的馆藏经典，是家长带领小朋友们了解中国传统历史的好去处。

二、品牌定位

山西地处华夏文明腹地，文物遗迹数不胜数，且大多历史悠久、回溯有序，是中华文明"本真性"的具体体现。在宣传山西文旅形象时，聚焦对中华文明的"本真"表达，突出文化的丰富度和文物的真实性。

肩负着"让山西文物活起来"同时也"火起来"的天然使命，山西省文化和旅游厅以文物为载体，将山西省打造为"大地上的中华文明博物馆"，依托全省 5000 年文明史中 100 件最具代表性的文物，借势全国文物热、国潮崛起之浪潮，持续打造"100 件文物读中华文明史"超级文物 IP，以强烈的"反差萌"搭载年轻受众网络文化列车，助力山西文物明星"出圈"、文旅产业突围。

三、品牌整合策略

（一）以优质内容为王，深度沉淀

深耕"100 件文物读中华文明史"内容，开展深度内容营销，并推动内容落地。推出有影响的创意产品和宣传产品，打造可触摸、可感知、可互动的样板，提供"行走的课堂"。

山西历史悠久，文物资源丰富，联合全国知名青少年博物馆专业教育团队"耳朵里的博物馆"，在山西全省范围内进行考察调研，以历史分期为基本脉络开展"100 件文物读中华文明史"内容筛选与研讨论证。筛选讲述中华文明史的 100 件山西文物，并邀请山西省文物专家、博物馆专家、高校专家等进行论证，最终形成包含文物历史分期单元、文物名称、文物所在地、文物基础信息和文物图片等几大板块的"100 件文物读中华文明史"的核心基础内容，同时形成"八大文物单元"的细分架构，按历史分期将 100 件文物划分为八大历史单元：文明密码、晋国霸业、多元融合、巧夺天工、辉煌建筑、戏曲故乡、晋商风云、红色山西。

（二）以品牌联动助力，跨界合作

为进一步扩大游读影响，加强互联网传播效果，采取了推动互联网品牌跨界合作和文旅类垂直品牌深度合作的举措，深入促进"互联网＋文旅"营销模式的发展，实现更强更深远的营销效果，不断助力山西文旅"出圈"。

（1）联合"耳朵里的博物馆"，开展100篇专题图文＋图书出版＋系列讲座的跨界营销。创作"100件文物读中华文明史"专栏图文内容；联合人民日报出版社出版《走晋看：100件山西文物读中华文明史》图书；举办《100件山西文物读中华文明史》系列讲座活动。

（2）联合网易游戏梦幻西游，开展"跟着文物去'西'游"品牌跨界合作。开发设计"文物长廊"游戏玩法；拍摄制作《初心—梦幻跨界拉"晋"距离》主题视频；百万级Coser线下"破次元"打卡"100件山西文物"。

（3）联合腾讯动漫，开展"狐妖小红娘山西100

文物单元长图海报

跟着文物去"西"游海报

件文物探索之旅"品牌跨界活动。

（4）联合光绘艺术家 Roywang，以"100 件文物读中华文明史"为主题创作系列光绘作品。

（三）以核心爆点引爆，聚合流量

牢牢把握"天龙山石窟佛首回归"流量爆点，以此切入统筹谋划热点话题与营销产品，将其转化为游读亮点，形成深入广泛持久的传播效应。围绕佛首回归讲好"游山西·读历史"故事，进一步拓展游读形态、丰富游读载体、扩大游读影响。

"山西文物探索官"狐妖小红娘山西 100 件文物探索之旅

在平遥古城举办狐妖小红娘六周年粉丝见面会

狐妖小红娘四城巡礼文物打卡

四、传播效果

（一）五大品牌梦幻联动

该项目跨界合作四大品牌方，包括网易游戏、腾讯动漫、耳朵里的博物馆、华夏风物、"中国光绘第一人"Roywang，实现"文物＋游戏""文物＋动漫""文物＋

研学""文物 + 百科""文物 + 光绘艺术"的梦幻跨界与创新联动。其中，9 月 29 日至 10 月中旬，"跟着文物去'西'游"梦幻西游手游跨界合作正式上线，全新设计山西"文物长廊"新场景，1.4 亿玩家打卡了解山西百件文物背后的中国历史，"打卡山西！100 件文物游戏玩法"日均参与人数超过 100 万，累计参与人数超过 1500 万。Chinadaily（《中国日报》）、文旅厅官方公众号、美国最受欢迎应用程序 Instagram 对光绘艺术"山西文物天团'亮了'"进行了报道，全媒体曝光量达 1220 万。"耳朵里的博物馆"内容曝光量达 630 万。腾讯动漫《狐妖小红娘》六周年团聚宴落地平遥古城，五大平台直播盛况，超过 160 万人观看，周年纪念曲首发力推，千万曝光助力。

（二）全省地市景区协同参与

全省十一个地市 70 余家景区、景点或文保单位保送文物入选 100 件山西文物讲述中华文明史，共有 13 家景区与"穿越次元 跟着文物去'西'游"子项目合作，落实项目定制门票近 100 万张，联动定制物料宣传位 1000 余个。

（三）创新、立体、多形式内容加持

联合"耳朵里的博物馆"策划 100 篇文物专栏图文，携手人民日报出版社实现《走晋看：100 件文物读中华文明史》书籍出版，邀请光绘大师 Roywang 创作《山西天团文物"亮了"》光绘大片，携手博物馆摄影顶流 KOL 动脉影策划制作《秘镜：我在云冈修石窟》《秘镜：晋国博物馆马车测评》两期 vlog 内容等。

宣传海报

活动花絮

专家点评

　　传统的宣传推广活动更多地是将注意力放到对旅游资源的宣传，努力将自己最好的东西呈现出来，宣传出去，对宣传效果的考察相对关注较少。"100 件文物读中华文明史"，在营销方面的亮点主要体现在对客源市场的重视。首先，山西当地根据历史数据对国内游客进行画像，重点标出两类客源市场值得深入发掘；其次，结合这两类客源市场的消费特点设计产品，并通过客源市场可触达的媒体发布产品；最后，在宣传渠道的选择上充分考虑到年轻客群的兴趣点所在，结合游戏情节和游戏人物，将宣传内容融入其中，这种跨界联动对市场的带动效果要好于单纯的媒体推广。另外，由于关注了网络爆点现象，并及时将宣传推广内容与其相结合，达到了事半功倍的效果，这说明推广理念的转变，能使宣传推广活动更接地气，更具时效性。

"网红康巴什"的
出圈之路

——内蒙古自治区康巴什文化产业投资集团有限公司

一、案例简介

"马上游城"活动现场

彩虹斑马线造型炫酷、涂鸦停车位意趣十足、帐篷营地浪漫悠然、马上游城潇洒自如……2021年的康巴什，通过创意宣传营销，打造多处网红打卡地，多维度构建城市"流量路径"，向游人展现着这个城市的活力与创意。

2021年10月，"DOU来'瑰丽之都康巴什 大美绿城伊金霍洛'"全国短视频创作者大会在鄂尔多斯市启动，兵马俑冰蛋、初一、舒克、额尔古纳、蓝野等百余名"知名网红"深入康巴什区进行实地采风，用他们独特的视角，多角度、全方位展示康巴什绚丽深秋下的壮美，在抖音平台共创造拍摄短视频千余条，并发起 #dou 来康巴什伊金霍洛 # 话题，在网络播放量高达 1.5 亿次。

康巴什区是一座新兴的草原新城，也是鄂尔多斯文化旅游产业发展最为重要的中心城区，作为鄂尔多斯市府所在地，立足新发展阶段，贯彻新发展理念，构建新发展格局。近年来，康巴什区积极顺应互联网发展趋势，依托良好的生态环境和完备的功能配套，精准把握新时代文旅融合发展的内容、场景和传播规律，立足自身实际，入选"国家生态文明建设示范区""国家全域旅游示范区"，获评"2020 中国最具幸福感城市·幸福宜居之城"……作为首个以城市景观为载体申报的国家 4A 级旅游区，而今康巴什又以"网红城市"新模式赋能文化旅游产业高质量发展，先后培育出一批如星空帐篷营地、马上游城、后备箱集市、网红雪糕等网红项目，完成了由传统旅游胜地向新时代文旅网红城市的跨越，打造了独特的文旅竞争力和影响力，有效促进文旅资源的深度整合，多维度、立体化宣传展示康巴什区的个性和魅力，不断提升城市知名度、美誉度。

二、主要做法与工作亮点

鄂尔多斯正聚焦建设国家级旅游休闲城市和国家全域旅游示范区，市政府印发了《鄂尔多斯市关于促进文化和旅游消费的若干措施》，大力促进文旅产业发展。借助全市文旅产业发展的东风，康巴什区以项目为带动，以特色活动为引领，以打组合拳的方式，塑造"网红城市"新模式城市品牌。

（一）"康巴什定制"文创雪糕——用情怀打造 IP

2021 年夏天，康巴什文投集团推出的首批"粉色康巴什""绿色鄂尔多斯"文创雪糕备受热捧，屡屡在网上霸屏。康巴什的地标双驹广场、市图书馆等化作雪糕被人们轻轻捧起，变成舌尖上的一点甜蜜。购买者络绎不绝、争相在朋友圈晒图，甚至令图书馆、博物馆也成为热门文旅打卡地之一。据统计，# 康巴什文创雪糕 # 相关话题全网阅读量达到 500 万人次，10 万支雪糕仅用一个月就已售罄，很多人表示"一糕难求"。此后，康巴什又推陈出新，设计出蒙 A 呼和浩特和蒙 K 鄂尔多斯

康巴什网红雪糕

两款新品，打造文创冰激凌礼盒，再次成为爆款。

文创雪糕的火爆，恰恰在于其独特的 IP 元素与地方特色文化的深度融合，它将新的文化创意融入了舌尖的甜蜜。这出"圈"的内核，既是中国传统文化的原生魅力，也是当代文化传播者对年轻人文化消费心理的精准踩点。有创意、有文化内涵，同时具有仪式感和审美愉悦的文创雪糕更能征服消费者的心。类似这样的"康巴什定制"还有钥匙扣、盲盒香氛蜡烛等，每一个都是独具特色的。这样富有"人味儿"和趣味性的营销策略，在社交媒体中引起转发的同时，也悄悄在人们心中埋下了旅游的种子。

（二）马上游城——旅游景区模式与新奇的旅游体验结合

"你们是不是都能骑马上街啊？"这是一个外地游客关于内蒙古最经典的疑问。在康巴什，这个疑问有答案了，你可以在城市的街道上纵马驰骋了。潇洒的骑手，俊朗的马匹，带领游客穿梭在城市大街上，"骑着马儿看美景"，成为康巴什城市中一道别样的"网红景观"。

"马上游城"项目是康巴什文投集团推出的"幸福康巴什"主题系列活动之一，以"畅享康巴什城市里的游牧时光"为主题，不仅展示了康巴什这座城市旅游资源的丰富优美，更体现出了它的独特文化与开放大气，康巴什"马上游城"相关话题全网阅读量达到 800 万人次。

"马上游城"活动现场

此次的事件营销，从文化入手挖掘游客最本质的旅游体验需求，完成旅游营销中从"我需要游客"到"游客需要我"的角色互换，并在新媒体与自媒体时代，借助网红，从短视频、直播等自媒体渠道入手，通过发布一系列备受关注的话题，巧妙地引导受众关注。新奇的项目策划，让旅游景区模式与新奇的旅游体验结为一体，多维度构建城市"流量路径"，为城市发展注入蓬勃动力。

（三）鄂尔多斯城市帐篷营地——和年轻人玩在一起

"城市里的帐篷家"——鄂尔多斯城市帐篷营地也是 2021 年康巴什打造的另一网红项目，这里集帐篷酒店、野奢餐饮、亲子露营、聚会团建、主题定制、城市微度假六大功能于一体，在营销方式上，选择"和年轻人玩在一起"模式，线上通过抖音、视频号、小红书、微信公众平台等，以视频、图片、文字等方式进行营销宣传，线下组织乐队表演、亲友烧烤、"爱的相亲"等系列主题活动，内容丰富、形式活泼，引

帐篷营地

爆年轻人 high 点，迅速吸引了一票年轻粉丝，给消费者带来了更深刻的体验。

此外，康巴什区整合城市地标、公园广场、特色小镇等优质旅游资源，推出一批"四季长红"的博物馆、艺术馆、展览馆等网红打卡点，不断提升城市热度和知名度。现在的康巴什区，一个个"网红地标"层出不穷，让越来越多的城市空间和城市场景"活"起来、"动"起来、"红"起来。

（四）后备箱市集——烟火气中的浪漫潮流

2021 年夏天，康巴什的后备箱市集作为一种新鲜的经营业态，吸引着市民与游客的目光。文创手作、蔬菜瓜果、服饰配饰、儿童玩具、网红产品、轻餐甜品、花艺盆栽，在车辆的后备箱展示出来，配合乐队演出、机车巡游，让这里"火爆出圈"。在此次活动中，共计招募商家 100 余家，吸引 1000 余人参与报名，让这里成为名副其实的逛街打卡"网红潮流地"。

作为新颖的消费供给，后备箱集市在为经济创造着新的发展动力的同时，城市的个性化、时尚化也在这里相接。以"小事件营销"为思路，借招募之势打响了营销第一枪，又在之后每周的后备箱市集开展之际，变着花样制造热点话题，持续不断地加强认知，以"城市里最潮流的小摊"这样的吆喝方式喊出来，加上好玩、有趣的产品，完美契合了现代人的需求。

三、具体成效

康巴什区打造网红城市新模式以来，实现了经济效益与社会效益双丰收，不仅展示了这座城市丰富优美的旅游资源，更体现出了其独特文化与开放大气。2021年，康巴什区共接待游客410.28万人次，同比上升25.5%；其中过夜游人数94.97万人次，同比上升27.56%。当年实现旅游综合收入约12.97亿元，同比上升17.4%。

可以在全国首个以城市景观命名的国家AAAA级旅游景区感受花开四季的绚丽芬芳；可以在碧波荡漾的乌兰木伦湖上，感受赛艇的风驰电掣；可以在具有国际一流水准的金港湾赛车城，享受汽摩特技表演的视觉盛宴；可以策马扬鞭静享城市里的游牧时光，臻享闲适人生……它是慕名而来的游客眼里拥有独特魅力的康巴什。

康巴什网红城市的打造是融入"场景化 + 规模化"的塑造，关注的不仅是单个IP的瞬间热度，更是系统化、多元化的文旅体验。未来康巴什将聚焦文旅融合，着眼市场新需求、新趋势，深化科技赋能，不断培育文化和旅游消费新亮点，打造文化和旅游高质量发展的新引擎，让网红城市一路"长红"。

专家点评

城市旅游推介需要创新，核心是要立足当地文化特色、瞄准目标消费群体，进行产品、服务和传播的创新。康巴什区围绕建设"网红城市"品牌，借助区域人文、生态、自然景观等优势，创新推出了星空帐篷营地、马上游城、后备箱集市、网红雪糕等一批网红项目，塑造和展现了区域的个性和独特魅力，引起了市场的关注和游客的喜爱，有效地提升城市的吸引力和影响力。

"一条鲅鱼带你游营口"
主题营销推广活动

——辽宁省营口市文化旅游和广播电视局

一、案例简介

2021年5月，辽宁省营口市鲅鱼圈区出现疫情，福建某县官方微信公号发布的防疫通告错将"鲅鱼圈"写成了"鱿鱼圈"，一不小心被微博网友送上了热搜，评论区一度出现了"鱿鱼圈""鲸鱼圈""鲍鱼圈"的讨论，至此，鲅鱼圈火爆全网。受到鲅鱼圈热度的启发，同时也为有效降低疫情带给营口市文旅行业的打击影响，

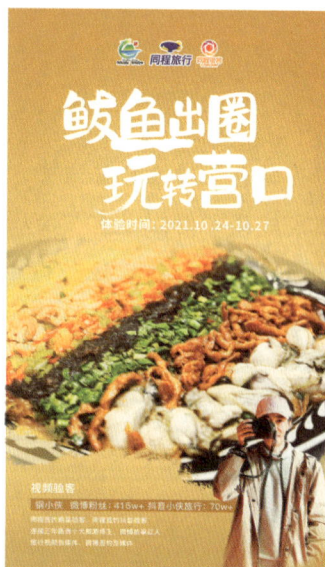

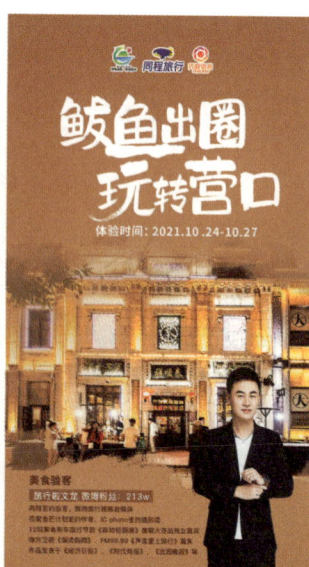

"鲅鱼出圈"主题海报

"鲅鱼出圈"主题海报

营口市文化旅游和广播电视局开展以"一条鲅鱼带你游营口"为主题，全网多渠道参与的一系列文旅宣传推广促销活动，拓展省内外旅游客源市场，提升营口旅游知名度，促进营口市疫后文旅产业的持续发展。

二、创新亮点

活动一："一条鲅鱼带你游营口"事件营销活动

策划设计趣味手绘长图和鲅鱼主题海报，讲述一条鲅鱼出圈的故事，带出一条鲅鱼视角下的营口人文、美食、美景和生态。在线上建立＃鲅鱼出圈，玩转营口＃抖音、微博热搜话题，邀请知名网络博主参与话题互动，鼓励市民以自己的创意内容积极参与话题讨论，为营口助力、点赞、送祝福，并根据参与度和内容创意设置规则和奖励，激发网民参与热情。

活动二："一条鲅鱼带你游营口"线下体验活动

设计集合"美食＋美景＋美宿"的营口精品旅游线路，甄选若干名百万粉丝旅

"鲅鱼出圈"主题海报

游行业大咖来营口进行实地采风体验，以一条鲅鱼的形象进行精品内容创作，生产内容素材包括攻略文字，短视频 vlog、照片等形式，发布于各类旅行服务平台，并利用各大社交平台持续推热 #鲅鱼出圈，玩转营口 #话题，丰富话题内容，不断提升营口旅游的品牌影响力。

活动三："一条鲅鱼带你游营口"安心游活动

邀请 15 位营口市内优秀旅游行业从业者为家乡营口代言，宣传推广营口；定制"有声海报"，联合各大行业官方蓝 V 大号进行宣传推广，并设置有奖转发，刺激用户传播。同时邀请水木年华的卢庚戌、著名音乐人李杰、青歌赛冠军王晰、辽宁男篮刘志轩、吴昌泽多位出自营口的各界名人作为"2021 营口代言推广大使"，通过制作口播短视频为家乡旅游业复苏发声。又推出"鲅鱼出圈，玩转营口"全民接力主题 H5，设置营口旅游盲盒，激励用户参与并在新媒体平台迅速传播，转发分享并有机会拆营口旅游盲盒，免费获取营口旅游门票、酒店、特产等产品。

"鲅鱼出圈"主题海报

活动四:"一条鲅鱼带你游营口"文旅卡活动

面向省外游客,免费发放价值 5000 元的"营口市文旅生活卡",省外游客可凭身份证、微信名称、手机号实名申领,凭此卡可以免费在营口所有 A 级景区、指定的星级饭店、特色民宿和温泉企业等参与体验,此举撬动了外省来营游客市场。同时,面向省内外市游客,免费发放价值 1500 元的"营口市宿营旅居卡",采取免费+折扣的方式,给予来营休闲旅游的游客最大的优惠。省内外市游客可实名申领"营口市宿营旅居卡",凭此卡可以免费体验指定的民宿,省内休闲旅游客源市场全面激活。

活动五:"一条鲅鱼带你游营口"线下推广活动

在东三省、京津冀、江浙沪等重要客源地市场,带领市文旅企业进行多渠道、多形式落地宣传推广,从行业交流到市民互动、从招商引智到项目战略签约,全面助力营口市文旅企业进行疫后复工复产,推进营口市文旅产业高质量发展。

"鲅鱼出圈"主题海报

有声海报

三、成果效益

线上，#鲅鱼出圈，玩转营口#热搜话题全网阅读人数超1.6亿人次，讨论人数近10万人次，宣传覆盖十几家头部平台，产出营口精品攻略游记31篇，长短宣传视频9个，高清图片素材1200张，持续推出省内外惠民措施和发放机场航线文旅惠民券，涉及金额超百万元。线下，扎根重要客源地市场，带领市文旅企业在哈尔滨、长春、北京、苏州、无锡等地进行落地宣传推广，通过推介交流，促成近10个重点企业和项目战略合作签约，全面推进营口市文旅产业高质量发展。2021年营口市全年旅游总收入253.6亿元，增速20.3%；旅游人数2868.8万人次，增速32.1%。

游客体验活动

专家点评

一个偶然的热点事件，如果敏感地抓住并合理地利用，很可能成就一次具有影响力的营销推介活动。营口市鲅鱼圈区借势"鲅鱼圈"微博热搜事件，创新策划，以"一条鲅鱼"为主线，设计了话题互动、线下体验、发文旅卡等活动，全方位地展示了营口的人文、美食、美景和生态，让人感觉有趣、有料、有味，有效地提升了营口市的文旅知名度与美誉度，取得了良好的推广效果。

"向往的冬天在吉林"抖音全民互动短视频宣传营销活动

——吉林省文化和旅游厅

2021年至2022年雪季，为深入践行"冰天雪地也是金山银山"和"三亿人上冰雪"的发展理念，营造"冬奥在北京　体验在吉林"的浓厚氛围，助力2022北京冬奥会的胜利举办，推动吉林冰雪经济高质量发展，吉林省文化和旅游厅结合北京2022冬奥会及后冬奥冰雪产业发展的趋势等因素，将"互联网＋"思维融入到吉林冰雪经济高质量发展中，注入新时代吉林振兴发展新动能，策划推出了"向往的冬

抖音主题海报

天在吉林"全民互动短视频宣传营销活动。

一、项目概述

活动充分利用抖音应用程序的全民参与和超级流量优势，线上线下持续布局。线上发起＃向往的冬天在吉林＃话题挑战赛；线下邀请多位头部滑雪、旅行类达人深度探访景区，输出宣传视频，并在吉林省著名冰雪旅游景区开展联动户外直播，举办抖音赋能培训会及论坛，最终实现了冰雪旅游目的地与短视频创作者及网友的全方位持久互动，让吉林冰雪旅游品牌在这个冬天更加声名远扬、深入人心。

1. 线上互动部分

（1）2021 年 12 月 4 日发起"向往的冬天在吉林"抖音全国话题挑战赛。截至 2022 年 3 月 4 日，全国话题挑战赛聚合专题话题播放量累计已经突破 51 亿。活动期间，滑雪类头部账号、各地文旅局账号、景区及相关单位账号、媒体账号、优质文旅类创作者群体等开展为期一个月的集中创作发布，同时投入全国流量引导全网用户拍摄吉林冰雪，展示冰雪吉林，提升吉林冰雪全网影响力。

抖音主题海报

3D 趣味特效贴纸——热雪 2022   追梦走遍中国

（2）2021 年 12 月 4 日至 2022 年 1 月 4 日，设计推出具有吉林特色的三款 3D 趣味特效贴纸。目前累计播放量超 1340 万，获得点赞数达 53 万人次。贴纸创意软植入吉林冰雪元素，让网友使用简单、参与容易。全民参与"云"上玩雪，"云"上滑雪，传播冰雪文化，增强冰雪体验，助力北京冬奥，创造线上"冬奥在北京 体验在吉林"的浓厚氛围。

活动期间，向全国 6 亿网友推送"向往的冬天在吉林"话题内容，突出冰雪旅游宣传，创新冰雪活动开展，推动冰雪资源合作，打响冰雪旅游品牌，加快推进冰雪体育和冰雪旅游高质量发展，吸引更多的国内外冰雪爱好者来吉林体验冰雪运动的激情，感受冰雪世界的魅力。

2. 线下体验部分

（1）2021 年 11 月 24 日至 12 月 18 日，邀请十余位头部文旅达人、滑雪达人及地域垂类航拍、摄影、插画达人深入冰雪城市、景区深度体验特色项目，输出冰

"向往的冬天在吉林"赋能培训会

雪旅游玩法攻略、沉浸式、趣味式等满足多样化需求的短视频引导网民大范围"种草"吉林冰雪目的地，吸引达人粉丝"拔草"并二次创作相关短视频输出，达到几何式流量增长的目的。

（2）2021年12月10日至18日，举办4场"向往的冬天在吉林"赋能培训会暨PK赛。

为增强文旅人新媒体传播意识，提高冰雪城市、景区短视频运营人员技能，分别在长白山、长春、白山、吉林举办4场"现场实战讲解＋小组PK赛"形式的线下赋能培训会，全省覆盖160位短视频运营人员，以赛带练，鼓励学员勇敢上手，学以致用。培训围绕短视频拍摄技巧、景区账号直播技巧等内容，提高冰雪城市、景区短视频运营人员技能，让官方账号持续输出优质内容，助力冰雪目的地宣传。

（3）2022年1月16日至19日，开展"筑梦冰雪'吉'时联动"城市系列直播活动。

4天6地开展6场形式新颖的直播活动，以户外主播＋景区讲解员的形式重磅

延边考世茂民俗山庄直播

推介景区，带领广大网友可以足不出户就能感受"冰雪和远方"，整体直播推送人数超过 300 万人次，直播间实时观看互动累计突破 17.6 万人次。

（4）2022 年 2 月 22 日，举办 2021 吉林省文旅新媒体"双百"扶持提升活动总结会暨"向往的冬天在吉林"抖音短视频活动颁奖典礼。

通过对吉林省文旅新媒体"双百计划""向往的冬天在吉林"项目进行总结、复盘、颁奖，邀请文旅创作者、资深媒体人、文旅经营者等文旅产业从业人员深入交流座谈，深度研讨冰雪产业新媒体传播的各个维度、方法，总结过往规划未来，进一步推动吉林省冰雪产业对外的形象展示和旅游产品的宣传。与会人员 60 人，会议全程面向省内各市州文广旅局及景区宣传人员进行腾讯会议直播。

二、活动的创新点与亮点

（一）线上线下联动，打破地域空间限制，受众参与范围更大

"向往的冬天在吉林"系列活动最大的特质就是广泛性，无论是内容呈现还是渠道选择，亦或是受众参与都较以往表现出更大的范围可能性。12 月 4 日话题挑战赛刚一上线，就吸引了不少优质旅游达人踊跃参加，在他们拍摄制作大量内容新颖、好玩有趣的优秀作品后，众多潜在用户不断跟随，一时间全民参与、全民分享的浓厚氛围从线上蔓延到线下，吉林冰雪资源瞬间火出圈，引得越来越多的网友实地"拔草"。

（二）以流量促口碑，以流量促发展，营销模式升级裂变效应明显

本次活动，吉林省文化和旅游厅主动拥抱流量，借助网络平台优势，打破营销

创新主要体现在技术和渠道上的固有思维模式，追求情感的交互和流量扶持。

统计数据显示，"向往的冬天在吉林"抖音全国话题挑战赛以 51 亿播放量霸屏，通过一系列的宣传推广工作，吉林省春节黄金周期间接待游客 934.14 万人次，同比增长 13.9%；实现旅游收入 83.85 亿元，同比增长 12.4%。以万科松花湖滑雪度假区为例，春节接待游客 3.92 万人次，同比增长 72%，营业收入 3328 万元，同比增长 166%，也是抖音 POI 大数据统计东北三省滑雪场"种草""打卡"排行榜第一的滑雪场，营销升级裂变效果明显。

（三）培训赋能，补齐"短板"，打造"善战善谋"的冰雪人才队伍

冰雪旅游的发展，有资源作"家底"，更需要有人才作支撑。为增强文旅人新媒体传播意识，提高冰雪城市、景区短视运营人员技能，破解抖音流量密码，本次"向往的冬天在吉林"活动特意在长春、吉林、白山、通化设置了 4 场赋能培训会，通过行业专家的面对面授课，补技能"短板"，为进一步打造"善战善谋"的冰雪人才奠定了坚实的基础，为冰雪产业和冰雪经济的强劲发展融入了汩汩动力。

（四）高位推动，加大投入，多措并举创新文旅产品形式及政策支持

近几年来，吉林省委、省政府高度重视冰雪产业发展，高位推动，全省各部门各市州大力支持和共同发力，冰雪产业五年实现了跨越式发展。本次活动立足既往成就，加大投入，多措并举创新文旅政策支持，从丰度、厚度、精度、热度、宽度等多方面入手，打造出冰雪产业高质量发展的新格局，把吉林冰雪产业构建的"一心、三廊、两区、两环线、多节点"的产业空间推介给全国广大网友。

活动中，除了从供给侧入手呈现精彩的冰雪产品，还注重对参与话题挑战赛、网红直播间的网友们进行奖励。尤其受网友喜爱的是本次活动推出的 3D 趣味特效贴纸创新冰雪线上产品，软植入吉林冰雪元素，大家足不出户就能得到畅快十足的吉林冬日体验。

三、经济与社会效益

如今，"分享经济""体验经济"蓬勃发展，"口碑"是消费者进行决策的主要依据。"向往的冬天在吉林"活动，充分调动广大网友分享与推荐的积极性，通过"云端"分享与实地打卡等多种推广形式，将吉林冬季冰雪旅游的精彩呈现给全国网友。在为吉林冰雪打造成为生命力旺盛的超级 IP 的同时，也进一步推动了吉林文化旅游事业再上新台阶。

（一）"向往的冬天在吉林"已形成品牌影响力和美誉度

本次活动充分挖掘、保护、传承和弘扬吉林省传统冰雪文化，丰富"新中国滑雪运动起源地"等文化内涵，以线上线下联动形式向世界讲好中国冰雪故事。聚焦

新媒体宣传

冰雪旅游、冰雪运动、冰雪演艺、冰雪传媒等文化输出渠道，打造影视动漫、旅游演艺等冰雪文艺作品，形成系列化、产业化、规模化、品牌化的冰雪文化名片。目前"向往的冬天在吉林"已粗具品牌影响力和美誉度，吉林向中国冰雪文化高地又迈进了坚实的一步。

（二）"冬奥在北京　体验在吉林"全新目的地矩阵已经形成

作为世界三大粉雪基地之一的吉林省，不仅是新中国冰雪运动的起源地，也是目前国内十分火爆的冰雪风光体验地，深受冰雪运动爱好者和休闲度假群体的喜爱。本次活动抓住了北京冬奥会前的窗口期，抓住了全球冰雪产业重心进一步东移的趋势，更是瞄准了后冬奥时代冰雪经济飞跃式发展黄金机遇期，顺应居民消费升级趋势，推出系列冰雪目的地品牌，推动冰雪经济在更大范围合作，形成"三亿人参与冰雪运动""体验在吉林""发展在吉林"的广阔市场空间。

专家点评

旅游推介活动的成功，离不开天时、地利与人和。"向往的冬天在吉林"系列活动，立足吉林作为作为世界三大粉雪基地之一的资源优势，借势抖音这一超级短视频社交平台，利用北京举办冬奥会引发的全民冰雪运动热潮，通过线上与线下联动的方式，设计和开展了全国话题挑战赛、文旅达人深度游、赋能培训会以及短视频颁奖典礼等活动，环环相扣，不断拓展宣传的广度和深度，具有鲜明的时代特征和年度特点。该案例的做法值得各地参考借鉴。

"滑雪吧！少年"大型融媒互动主题活动

——黑龙江省文化和旅游厅

[QR code]

一、案例简介

黑龙江省冰雪旅游资源富集，雪量大、雪期长、雪质好，是我国最早开发冰雪、运营冰雪的省份，冰雪旅游业态丰富，冰雪景点遍布全省，冰雪旅游产业发展优势明显、潜力巨大。

收官仪式现场

为充分发挥黑龙江省独特的冰雪资源优势，借助北京冬奥会宣传契机，响应"三亿人参与冰雪运动"和"百万青少年上冰雪"的号召，以"把冰雪运动搞起来　让冰雪文化热起来"为目标，黑龙江省文化和旅游厅联合新华社民族品牌工程办公室共同举办以冰雪研学旅游为主题的《滑雪吧！少年》大型原创融媒互动主题活动。

本次活动从 2021 年 11 月持续到 2022 年 3 月，分为公开招募学员、举办滑雪训练营、线上传播推广三个阶段，以 8 ~ 14 岁少年为目标群体，独家定制研学课程，打造国内一流的冰雪研学、体旅融合品牌 IP 活动，普及冰雪旅游文化，增加大众参与度，符合时代潮流，引发消费共鸣，引领家庭旅游消费观念。活动从不同角度、不同侧面展示黑龙江冰雪旅游资源优势和冰雪大省的冰情雪趣，为黑龙江冰雪旅游产业发展蓄力，为把黑龙江打造成为全国冰雪旅游体验首选目的地宣传造势。

活动以滑雪训练营为切入点进行跟进式传播，依托新华社全媒体资源、中经社百家媒体联盟、新媒体平台视频展播进行全覆盖推广。通过网络专题、vlog 视频、短视频、网络直播等方式，全角度整合传播，打造滑雪少年团 IP，系列传播全网浏览量过亿，登上央视"新闻联播"和新华网首页，成为全国最火爆的冰雪研学活动之一。

二、具体做法

（一）全国范围内公开招募，营造助力冬奥良好氛围

本次活动围绕北京冬奥会主题，聚焦少年群体，2021 年 11 月开始公开招募滑雪少年团成员。制作宣传海报、招募宣传片，在全网制造话题，得到社会热烈响应。

在抖音、快手等平台发布国内原创青少年滑雪励志公益节目《滑雪吧！少年》招募短片，得到网民热捧。符合条件的青少年可通过抖音、快手等视频平台上传"我要加入滑雪少年团"并添加话题＃滑雪吧少年　参与报名。报名者自主上传的视频播放量过万并获得大量转发点赞，形成第一波宣传热潮，充分激发目标群体的参与热情，取得良好反响，为北京冬奥会营造良好氛围。

训练现场

（二）沉浸体验式研学之旅，形式新颖符合时代潮流

亚布力滑雪旅游度假区是首批国家级滑雪旅游度假地，也是国家滑雪运动员的训练基地，被誉为"中国滑雪圣地"。本次活动以亚布力滑雪训练营为切入点，产品定位清晰，目标明确，将滑雪场、训练基地、森林温泉、民俗文化等旅游资源有机整合，形成联合营销产品，充分引导家庭滑雪消费，满足新生代家庭对沉浸体验式研学消费需求，打造国内一流滑雪研学品牌IP。

按照少年群体心理需求，以学员体验为出发点，策划推出为期5天的沉浸体验

训练现场

式研学日程。2021年12月31日至2022年1月4日在亚布力滑雪旅游度假区举办滑雪训练营，教练、领队、特邀嘉宾、制作团队全程陪同。训练营期间，少年学员分为"追风队"和"逐梦队"，每天按照任务卡完成各项任务，迎接各种挑战，努力突破自我。学员们获得感超强，纷纷表示想要参加第二季。

（三）文旅体融合课程设置，丰富有趣独家原创定制

充分挖掘原创文旅体融合主题，设计了"雪上行""盘中餐""晚下课"等活动单元，组织少年团体验高山滑雪和越野滑雪，参观亚布力熊猫馆、企业家论坛永久

学剪窗花

会址，学做铁锅炖和包饺子，跟非遗传人学习剪窗花，独家策划亚布力雪地森林穿越、雪合大战、雪地爬走等活动。聘请专业教练、行业专家、裁判指导各类活动，课程标准高、体验感强。少年们在滑雪技术、团队合作、意志品质、文化视野等方面得到全方位提升。

日程设计科学合理、可复制性强，让少年们对冰雪运动和冰雪文化有了更加深刻的理解。通过对冰雪研学活动全景展示，感召更多的少年加入到冰雪运动中来。

（四）全程多机位跟拍制作，直播、短视频实时分享

本次活动通过直播、短视频、纪录片等多种形式全程展示，受到全网瞩目。新华网进行了三场"激情龙江　助力冬奥"直播，在线观看人数超过150万，让网友一同体验亚布力高山滑雪、雪合大战、雪地爬走大挑战等活动，趣味十足，效果良好。

全程多机位跟拍，重磅推出的五集专题纪录片《助力冬奥！滑雪少年团走进亚布力》《冰天雪地！迎冬奥到中国最北去滑雪》《强国有我！滑雪明日之星冉冉

学做铁锅炖

升起》《登顶三山！少年团挑战勇者之路》《点燃梦想——滑雪吧！少年》在全网推出，获得良好反响。

全程亮点随时播发，《滑雪吧少年走进亚布力开启滑雪研学游》《亚布力雪地爬走接力赛》《滑雪少年团雪合大战》等短视频在抖音、快手、微信等平台实时分享。充分整合各类新媒体资源进行传播，形成良性互动。

（五）全媒体矩阵多元传播，媒体积极参与共同助力

本次活动题材新颖、内容生动，紧跟时事热点、契合市场需求，相关报道得到新华社、中央电视台、《黑龙江日报》、腾讯、今日头条、抖音、快手等全媒体矩阵多元传播。活动面向全国滑雪爱好者精准推广，为市场提供了滑雪训练营研学产品，引领消费升级新趋势。

新华网、新华社客户端等权威媒体跟踪报道。新华网首页焦点大图重点报道，新华社发布的《激情龙江　助力冬奥　滑雪正当少年时！"滑雪吧！少年"引领中国冰雪旅游新风尚》《滑雪少年团真诚邀约　助力冬奥"我在亚布力等你"》《黑龙

江亚布力：青少年乐享冰雪运动》等重点宣传稿件单篇浏览量破百万，被新华社百度号和搜狐号、新媒体专线、县级融媒体专线、日文专线等广泛传播。

活动收官仪式吸引近 20 家媒体赴亚布力现场报道，见证滑雪少年成长和收获。新华社、黑龙江省电视台、《黑龙江日报》、今日头条、新浪、腾讯等媒体稿件在全网引发高度关注。生产与分发共同推进，新华社、中央电视台等新闻媒体与黑龙江省文化和旅游厅新媒体平台共同播发，形成差异化传播。

（六）打造励志成长品牌 IP，榜样引领作用效果明显

活动打造的滑雪少年团正能量形象深入人心，经过层层选拔的滑雪少年团成员代表了少年滑雪爱好者勇于挑战、积极向上的形象，推出的《我在亚布力等你》宣传视频、系列宣传海报等，引发青少年群体的滑雪热情。

十名滑雪少年团成员分别获得潜力之星、勇敢之星、进步之星、极速之星等荣誉。"冰雪少年、勇往直前、追逐梦想、励志典范"，滑雪少年团正能量、素人团体的形象 IP 引发共鸣，在青少年及家长群体中产生强烈的榜样示范和引领作用。

三、主要成效

"滑雪吧！少年"主题活动形式新、传播广、关注度高、影响广泛。活动打造的"滑雪吧！少年"冰雪旅游品牌 IP，填补了高端滑雪研学旅游的市场空白，在全国掀起了新一轮的少年冰雪运动的热潮。

把握北京冬奥会宣传契机，爆款频出，总体传播覆盖受众过亿。新华社客户端、新华网发布的《激情龙江 助力冬奥 滑雪正当少年时！"滑雪吧！少年"引领中国冰雪旅游新风尚》《滑雪少年团真诚邀约 助力冬奥"我在亚布力等你"》等稿件全网总浏览量超 1 亿，新华网三场直播总观看人数达超过 150 万。今日头条、学习强国、腾讯、网易等超过两百家媒体全网转载。活动相关报道登上央视"新闻联播"、新华网首页、黑龙江卫视《新华视点》，在抖音、快手等各类新媒体广泛传播。滑雪少年团成长获得全民广泛关注，话题总阅读量超过 1200 万次。

本次活动引领了新时代文旅消费理念，让滑雪训练营成为现代家庭旅游消费新

选择。借助北京冬奥会影响，激发全社会对滑雪的认同感和参与感。体旅融合，研学辅助，让孩子在冰雪研学旅游活动中得到成长，激发旅游内生动力，促进消费潜力释放。亚布力滑雪旅游度假区等黑龙江省内各类滑雪训练营数量显著提升，送孩子参加滑雪训练营成为一种时尚选择。

专家点评

　　作为年度重头戏的北京冬奥会，对我国冰雪运动的推广效应持续释放。黑龙江是我国冰雪资源的富集区之一，如何将资源转化成产品和产业，让更多的旅游者、运动爱好者能前往黑龙江体验冰雪产品，《滑雪吧！少年》为实现"三亿人参与冰雪运动"和"百万青少年上冰雪"交上了合格的答卷。此项目契合冬奥主题，通过持续4个月的融媒互动主题活动，从研学旅游"滑雪训练营"切入，借助多元媒体渠道、多种传播方式，用生动鲜活的传播语言展现了符合时代潮流的冰雪运动和冰雪旅游的大主题，打造了活动IP的同时，为黑龙江成为全国冰雪旅游体验重要目的地进行了有效的宣传。

《漠河舞厅》：唱火了一座城市旅游的歌

——黑龙江省漠河市文体广电和旅游局

一、漠河舞厅：从凄美故事到动听歌谣

1987 年 5 月 6 日，黑龙江大兴安岭地区发生特大森林火灾，其中包括张德全的妻子康氏。悲剧发生前，两人未育有子女，康氏走后的三十余年，张德全老人未再婚。康氏生前爱跳舞，两人恋爱时常常溜进堆满杂物的仓房，点起一盏灯，在狭小的空地上练习舞蹈，"无数的谷物粉末上下纷飞，像是在为二人伴舞的精灵"。这一

幕，也是张德全老人这辈子最珍贵的回忆。后来，在距离仓房不远的地方有人开了一家舞厅，每当夜幕降临，张德全总是会独自到舞厅里跳舞。

那场大火留下的催人泪下唏嘘不已的亲情爱情故事并没有化为灰烬，音乐人柳爽在漠河采风期间，偶然得知了这个故事，在征得老人的同意后，他创作了歌曲《漠河舞厅》，以此歌献给所有因为不幸而逝去的生命。2021 年 10 月 24 日，他的一段现场演唱开始在抖音上广受关注。网友被歌曲优美的旋律所吸引，更被歌曲背后"张德全"老人怀念亡妻的凄美故事所打动。各界朋友通过各种方式，演绎《漠河舞厅》这首歌，并在全网进行推广传播，极光、村落、野风、晚星，歌词的意象如此贴合漠河宁静苍凉的气质，也使得这座城市被推到了台前。据统计，截至 2021 年 11 月初，这首歌在短视频平台上播放量超过了 23 亿次，衍生出超过 27 万个作品。

二、漠河舞厅：因势利导的宣传效益

2021 年 10 月下旬，在抖音短视频平台发现以《漠河舞厅》为背景音乐、以《漠河舞厅》背后故事为文案的视频特别多，抖音上关于"漠河"的搜索量环比增加了 621%，观看漠河直播的人数超过了 68 万。"漠河舞厅"成为漠河这座小城随风传唱的歌，火遍了大江南北。漠河市文化和旅游局因地制宜打造一套传播方案，以《漠河舞厅》为切入点，将人们对歌曲的关注，转化为对目的地城市以及旅游消费的关注。

一是增强了漠河曝光度。《漠河舞厅》除了歌曲本身以外，还有一个凄美的爱情故事，更能引起人们的共鸣，1987 年五六火灾作为一代漠河的记忆，又将这一历史事件推到了人们面前。漠河市利用短视频平台，创作了那段漠河舞厅背后的故事视频，引发了全网的推送，众多短视频引用这个故事，形成了话题矩阵。《漠河舞厅》全网走红，为此为主要内容的众多表现形式现身网络，引起热议。漠河市文体广电和旅游局官方抖音号涨粉 3 万多，一条视频点赞量达到了 8 万多，部分网络达人引用这段视频的文案，慢直播更成了世人了解漠河一个重要平台，最高时观看人数达到百万级粉丝。在 24 小时慢直播中，漠河文体广电和旅游局通过镜头向网友"种草"了冬天的漠河。看到视频和直播中的漠河风光，网友纷纷表达了向往之

漠河极光

情："好静谧的城市""好想去漠河""希望和爱人去漠河共舞一曲""漠河我梦里的地方"。

二是扩大了漠河知名度。一首《漠河舞厅》歌曲爆红，将这家东北边陲小城的舞厅推到了聚光灯下，主流媒体深入报道漠河舞厅及背后的故事，进而拓展对漠河五六火灾、漠河旅游的综合报道，漠河市文体广电和旅游局局长一度成为新闻的焦点，先后接受央广新闻、龙广交通台联线直播采访，《山东商报》、澎湃新闻、今日头条等媒体发布专访，漠河舞厅的故事登上奋斗杂志海外版《伙伴》，让更多的人进一步了解漠河、"种草"漠河。漠河舞厅爆红后，超过 68 万网友通过抖音直播围观了漠河风光；"漠河"的抖音搜索量双周环比增长 621%。马蜂窝"漠河旅游攻略"搜索热度上涨 166%，"漠河舞厅"的搜索热度上升 430%。

三是提升了旅游影响力。借助漠河舞厅带来的网络关注度，漠河市进一步梳理具有特色的旅游资源进行嫁接式宣传推广，"夏日极光"和"冬季飞雪"两张旅游金名片进一步得到推介。极光，是一种天然的发光现象，绚丽多彩、巍巍壮观，位居中国最北端的漠河北极村，纬度是北纬 53°33′30″，恰好进入弱极光区域，是我国境内唯一能够观测到北极光的地方。漠河是中国纬度最高的县份，冬日漠河气温极低，常年被冰雪覆盖，平均积雪厚度可达到 50 厘米，宛若童话世界中的"雪国"。

漠河·泼水成冰

滑雪、冰壶只算得上传统项目，冰爬犁、冰上碰碰车才是专属漠河的冬日限定，还有冰钓、狗拉雪橇、冰屋吃火锅等特色体验。

三、主要经济成效

借最北扬名、借极光生辉，形成了中国最北、极地天象、神秘源头、圣诞世界、原始石林五大核心竞争力，漠河被文旅部授予全国首批全域旅游示范区称号。借突然爆红的"漠河舞厅"，找到了这座小城的人间温度，形成了旅游IP。

（1）漠河舞厅火爆全网以后，漠河舞厅成为了漠河市新的旅游打卡点，慕名前往漠河的游客量大幅度增加，据统计，漠河市在2021年1～12月，实现旅游人数313346人次，旅游收入22045.05万元，同比分别增长28.95%和31.90%。

（2）对"漠河舞厅"进行合理的保护和开发，对这四字IP进行强化和保护，确保原舞厅不被过度消费和商业化，对舞厅进行政府征收和保护，由政府授权舞厅原老板进行业务管理；借鉴80-90年代初"加利福尼亚汽车旅馆"的性质，装修风格以做旧的80年代复古风格为主，打造包含酒水、娱乐、住宿三维一体的综合性地标打卡地，以吸引外地游客前往旅游，为过游人提供平价特色民宿。

漠河九曲十八湾秋色

专家点评

　　漠河一年中有 8 个月是冬季，周边是林区，冬季寒冷，没有更多的娱乐选择。漠河市文体广电和旅游局选取《漠河舞厅》作为城市推广曲，源于歌曲与漠河命运的契合：白色是浪漫的象征，希望这首歌能成为当地的文化符号，也能对当年火灾起到纪念和警示的作用。漠河的生活方式和舞厅文化是一个时代的印记。一首《漠河舞厅》带动了漠河的知名度，每当音乐响起，人们走进舞池中央，犹如小苗从沙漠破土而出，让大家感受到漠河的情怀、情感和人文价值。

上海"建筑可阅读"
十二时辰全媒体大直播活动

——上海市文化和旅游局、上海广播电视台

2021 年，上海旅游节在严格守牢防疫保障和活动安全底线的前提下，对标旅游需求分众化和城市品牌特色化的发展新趋势，首次以年度特色文化主题这一创意方式"打开"。9 月 17 日，2021 年第 32 届上海旅游节特别节目——"建筑可阅读"十二时辰全媒体大直播活动成功举行。截至 9 月 18 日 10 时，本次大直播及 800 多条短视频、海报、图文及 H5 产品登陆全网三十多家平台，并通过东方明珠移动电

黄浦江夜景

上海国家会展中心

金茂大厦

外滩建筑群

上海历史博物馆

上海邮政博物馆

古猗园

视 6 万个移动屏端覆盖上海 13 条轨交线路、6000 多辆公交巴士及上百栋楼宇进行长时段同步直播。据不完全统计，大直播及相关短视频的全域传播总量已突破 2 亿。

一、主题化旅游节实现"破圈""迭代"

第 32 届上海旅游节的年度主题为"建筑可阅读，城市微旅行"，通过上海旅游节平台和"建筑可阅读"IP 的大碰撞，产生叠加效应、乘数效应，推动"建筑可阅读"IP 的快速转化、快速破圈，为上海都市旅游带来新流量、新内容和新玩法。进一步用好用足"建筑"这一上海最有资源、最有优势的文化旅游载体，加速锻造上海文旅的核心竞争力，切实增强上海旅游节的文化聚焦功能和上海的全球叙事能力。同时，通过上海旅游节期间的宣传推广，引导市民游客透过优秀建筑、历史街区，以近距离、慢生活、微旅行的方式，深度发现上海这座国际化大都市中"里弄小巷"的别样景致，体验"梧桐深处"的美好生活，践行上海旅游节"人民大众节日"的宗旨。

二、全媒体大直播引燃"全城接力"

此次"建筑可阅读"十二时辰全媒体大直播以上海晨昏日夜的十二个时辰为经线，以深入申城各处的"城市微旅行"脚步为纬线，通过 40 多位上海文化广播影视

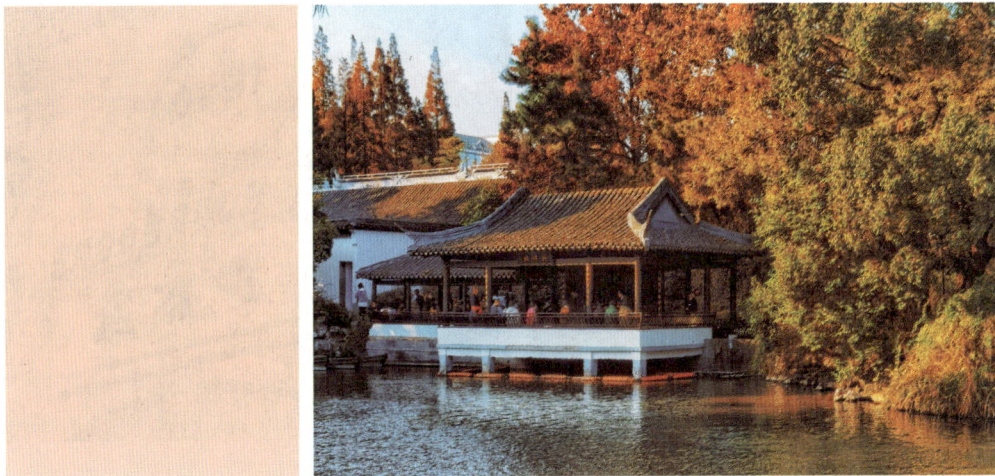

方塔园

集团有限公司主持人与众多UGC达人，共同探访全市150多处优秀建筑，串起海纳百川、观见天下、诗意栖居三个篇章。大直播节目以时间为轴，生动讲述中共一大会址、外滩建筑群、豫园、广富林、浦东美术馆、上海中心大厦、城市会客厅和九棵树未来艺术中心等新老建筑中承载的历史记忆，深入挖掘建筑、街区中积淀的文化特质，打造了一场"全城接力、指尖参与"的精彩旅程。新天地设计师本杰明·伍德、船厂1862设计师隈研吾、龙美术馆设计师柳亦春等，一一讲述他们在上海代表作的设计理念、对上海"建筑可阅读"的独到见解以及与这座城市的不解之缘。直播节目还通过实时连线华盛顿联合车站、东京浅草文化中心、巴黎爱乐音乐厅等世界著名建筑，与国际大咖展开精彩对话，以开阔的国际视野，凸显上海以建筑为独特语汇的特点。

三、全行业大联动助力"全民参与"

本次本直播活动中不仅有专业拍摄的"导览"大片，也有市民、学生、UP主自制的"打卡"攻略，全民参与的热情体现了以"建筑可阅读"为代表的新一批上海文旅"关键词"，正在深刻诠释"文化旅游"作为市民"美好生活"标配的意义。上海市文化和旅游局结合本次大直播活动，策划推出一系列"建筑可阅读"相关新产品、新活动。首推"建筑可阅读·线上总入口"，集合建筑信息、建筑导览、建筑打卡、推荐线路、周边打卡点、建筑故事等功能为市民游客打造24小时"建筑

2021 年国内旅游宣传推广优秀案例
2021NIAN GUONEI LÜYOU XUANCHUAN TUIGUANG YOUXIU ANLI

巴金故居

步高里

可阅读"云上空间；首评"上海最受关注二十大建筑"，邀请市民游客在上海旅游节期间打卡经典建筑，推选心目中最经典的上海建筑；首开"建筑可阅读"专线巴士，着重打造"观光车＋微旅游"的全新体验方式，配备专业讲解员，定点带领乘客以步行微旅行的方式讲解站点周边的建筑；首发"建筑可阅读·城市微旅行"十佳新晋线路榜单，举办"建筑可阅读"全民游分享会，通过小红书人气博主进行全网分享；首办"建筑可阅读"全民创伴手礼创意设计大赛，深度挖掘建筑的价值和内涵，用高品质文创产品带来新的流量。

专家点评

　　本案例的亮点在于利用媒体在短时间内全方位、密集性地宣传，打造全新地方 IP 概念。"建筑"是上海旅游资源的主要成分之一，本次活动将"建筑"单独提取出来，面向国内国际进行宣传，有助于明晰"上海建筑"的形象认知，增加知名度，成为旅游新体验的主要实物支撑，扩展上海的文化影响。"十二时辰"的概念属于借力打力，借用了这几年流行影视剧和宣传推广活动中有辨识度的词汇，在限定活动时间的同时，展示文化关联，并具有一定的亲切感。传统媒体与新媒体结合的全媒体大直播，全方位地获取受众的注意，有助于形成新的社会关注热点。民间力量的加入，既能增强活动的消费者市场认同感，又能增强宣传的力度和广度，起到了积极的助力作用。

"青天绿水 浦江溯源"
上海青浦研学旅行创新季

—— 上海市青浦区文化和旅游局

疫情以来，全国出入境团队游业务暂停至今，国内跨省旅游业务也多次被迫熔断。面对疫情给旅游行业带来的不利影响，国家提出了以国内大循环为主体、实现国内国际双循环的目标。旅游行业也必须以创新产品来促进国内各层级的经济内循环，实现行业自救，乃至浴火重生。

旅游行业如何把握好双循环契机，找到下行压力下的行业振兴突破口？

国家《"十四五"文化发展规划》明确提出，要加强对文化遗产资源价值的挖掘，鼓励依托文物、非物质文化遗产资源大力发展文化遗产旅游、研学旅游，开发

活动现场

活动现场

集文化体验、科技创新、知识普及、娱乐休闲、亲子互动于一体的新型研学旅游产品。《上海市社会主义国际文化大都市建设"十四五"规划》也要求提升旅游供给品质，引导供给、创造需求，推出更多首演、首秀、首展、首创旅游新品，打造都市旅游目的地主题精品，建设寓教于乐的科技研学旅游区。

2021 年 7 月，国家发布了《关于进一步减轻义务教育阶段学生作业负担和校外培训负担的意见》，要求着力完善校内外协同育人格局，促进学生全面发展、健康成长。

在疫情和"双减"大环境下，学生课余素质教育活动成为刚需，而大规模的集体出行又受限，家庭亲子研学将成为旅游市场突围的一大亮点。

为了进一步推动青浦区文化和旅游产业高质量发展，打造青浦文旅产品特色品牌，区文旅局按照"十四五"规划方向，让"传统文化"活起来，将青浦区特有的"古文化""水文化""红色文化""江南文化"与素质教育相结合，紧扣国家"双减"政策落地及"后疫情时代"机遇，梳理整合青浦优质文旅资源，推出"青天绿水浦江溯源"青浦研学旅行创新季项目。

一、项目基本情况

"青天绿水浦江溯源"青浦研学旅行创新季项目充分利用青浦区地理位置及人文积淀优势，首期策划推出了上海文明探源、水乡基因探秘、红色记忆探访、建

活动现场

筑人文探听、民俗非遗探究、生态田园探求、四季风味探寻七条主题线路，寓教于乐、寓教于游，提升广大游客，特别是青少年对历史之源、浦江之源的了解，推动江南文化、海派文化、红色文化、非遗文化的传承和发展。

二、宣传推广情况

区文旅局作为项目策划方，通过拥有30多万粉丝的"青浦文旅"官方微信公众号做好了充分的预热，并在活动开展过程中按照七大主题开展了专题宣传和推送。

为配合活动开展，青浦文旅特别设计推出了"青天绿水　浦江溯源"研学旅行创新季品牌形象——探头和探脑（两位男女小朋友形象），同时按照研学线路分类推出青浦研学旅行宝典，向亲子家庭介绍青浦各个研学旅行点位，提供有效参考与推广。

2021年9月25日，青浦区文旅局筹划开展了研学旅行创新季首发体验团活动，组织了10组家庭参加，同时邀请《人民日报》、《文汇报》、

探头　探脑

探头探脑主题形象

67

《新民晚报》、看看新闻等 15 家主流媒体全程参与体验。本次研学季首发团体验既是 2021 淀山湖文化艺术节暨旅游购物节的启动活动，也为"双减"政策落地后第一个黄金周的研学游线路开放做好了市场预热。自此，青浦研学游正式进入市场化运营。

活动推出后，立即受到了各大媒体的广泛关注。国家和上海市级主流媒体及青浦文旅官微持续进行跟踪宣传报道，累计报道达 21 次，通过学习强国平台发布相关信息 2 条，通过青浦文旅官微发布研学旅行相关推文 11 条，累计阅读量达 18 万次、转发 7 万次。

三、项目进展情况

"青天绿水　浦江溯源"青浦研学旅行创新季项目不仅仅是推出了线路，更是策划了旅游产品的落地，实现了线上流量向现实效益的转化。

运营方自 2021 年 10 ~ 12 月陆续开展了四期系列研学活动，分别聚焦四个不

活动主题海报

同的主题：10 月 2 日于青西郊野公园举行"生态田园探求"，让参与活动的亲子家庭走进大莲湖畔的"生态保育区"认识各种本土水生植物以及栖息于此的昆虫和鸟类，带领孩子们亲眼见识青浦丰富的本土自然资源和保存良好的水生态环境。11 月 13 日，围绕"民俗非遗探究"主题，带领大小伙伴们走进陈云故乡——练塘古镇东庄村"江南红色文化第一村"，大家沿着老一辈革命家在东庄的历史足迹，一路探寻，走进金灿灿的稻田，跟随非遗传承人亲手制作传统美食。11 月 27 日，以"水乡基因探秘"为主题，研学游团队访桥乡古镇——金泽，探寻非遗文化。通过观察、拍摄、记录四座古桥，以版画制作的方式，将古桥的影像制作出来。12 月 19 日，以"上海文明探源"为主题，在"百年百大考古发现"名单公布的上海唯一入选的"崧泽遗址"开展了生动有趣的博物馆参观及"上海第一房"搭建体验。

2022 年春节期间，研学课程得到了青浦本地学校家委会的关注，以学校班级活动的形式单独定制了一次别开生面的"虎年闹新春活动"：炙糕制作初体验民俗文化研学游。40 位来自复旦五浦汇实验学校六年级的学生和家长在东庄村了解村史，

活动主题海报

活动主题海报

跟随村民学习传统茨糕制作，用石磨亲自磨豆浆，给平时难得参与劳动的孩子们带去了一个充实难忘的新年。

经过几个月的市场推广和实地运营，青浦研学旅行创新季项目取得了阶段性进展，线上咨询热度不减。2021上海青浦淀山湖文化艺术节暨旅游购物节期间，获颁"最具创意文旅活动奖"。同时，青浦研学旅行系列之"生态环保探求"已顺利通过上海市教委素质课程申报审核。

目前，研学游市场需求持续旺盛，线路产品目录仍在不断更新，定期成团。"青天绿水　浦江溯源"研学旅行创新季已成为青浦文旅明星品牌。

四、项目特点及创新

1. 主题鲜明，场景融入

在研学体验中，突出了"青天绿水　浦江溯源"的设计理念，每一次活动都会覆盖1~2个研学主题，扎根于青浦本土文化，通过文化微游的形式，以现实场景为载体，让枯燥的研学课程变得生动起来，使参与的成员充分融入到整个研学过程中，帮助参与者更加深刻理解青浦悠久历史和丰富文化。

2. 动静结合，双向互动

研学游不再配备导游，而是配备导师，具体的呈现方式也不再是单一的听导师讲述，而是采用双向交流、互动体验的形式。尤其是学生和孩童，在动手体验、亲身经历的过程中，会提出各种有趣的问题，导师们深入浅出的解答又能进一步加深孩子们的理解和感悟。

3. 扎根本土，惠及当地

"青天绿水 浦江溯源"研学项目在设计和执行环节充分考虑与当地资源相结合，让本区本土本村的文旅从业者、工匠及传承人，甚至村民能参与项目的执行，同时获得一定的收益。这不仅使产品更接地气更加生动，也使项目团队可享深度沉浸式体验。

4. 多维宣传，口碑传播

每一期研学游都安排了前期、进行时和后期三次宣传：前期的招募推文，进行时的图文直播和视频推送以及后期的主流媒体报道，环环相扣，持续宣推，扩大影响。同时，研学游参与者主动记录，或撰写"研学笔记"或拍照记录活动过程，推而广之。口碑效应使"青天绿水 浦江溯源"研学品牌完成了一次次叠加性的宣推效应。

五、社会和经济效益

1. 社会宣传效果突出

研学游产品是文旅融合效应的直接体现，通过根植于地方文化的亲身挖掘与直接感受，参与者不仅获取了知识、增长了见地，更是增强了地缘归属感和文化自信。同时，研学游项目专注区内循环、市内循环，目前覆盖面已达到近 200 组家庭，有效缓解了疫情和"双减"大形势下广大学生家长对于孩子综合素质提升压力的焦虑，让孩子们在"双减"之后不再"无所事事"，让家长们有了一个高品质靠谱的假日带娃选择，得到了社会各方的高度评价和广泛赞誉。

2. 经济带动效益良好

直接项目收益方面，项目正式市场化运营后，经过一段时间的推广，已为几家旅行社带来了 150 多万元的直接项目收益；带动地方收益方面，据不完全统计，研学游项目为景区、酒店等相关文旅企业，以及属地村居及农户等参与主体带来的农产品销售、门票收入、餐饮住宿收入等文旅相关经济收入累计达到 720 万元。研学游项目得到文旅企业和相关行业单位的极大关注和热烈欢迎，市场关注度和参与热情不断提升。

3. 行业提升效应显著

通过项目执行，涉及的文旅行业服务水准也在不断提高，项目进行中也吸引了一批志愿者加入，行业文明建设不断深化。同时，良好的经济社会效益吸引了一批本地旅行社加入到研学游行列，寒假期间又有 3 家本地旅游企业跟进推出了特色研学线路 12 条，青浦区内研学游市场热度居高不下，行业布局已粗具规模。

专家点评

　　该项目为研学旅行创新型项目，充分利用区域、人文积淀优势，推出了上海文明探源、水乡基因探秘、红色记忆探访、建筑人文探听、民俗非遗探究、生态田园探求、四季风味探寻 7 个主题线路产品，推动江南文化、海派文化、红色文化、非遗文化的传承和发展。宣传推广群体精准、报道多样，抵达人群广泛，实现了线上流量向现实效益的转化。打通文旅与教育体系链接，社会宣传效果突出，经济带动效益良好，农、文、旅收入显著增加，是全国研学旅游研究样本级案例。

"走进文化天堂　读懂杭式生活"杭州文物激活推广工程

——浙江省杭州市文化广电旅游局

一、导语

历史文化名城杭州，文物古迹星罗棋布、非物质文化遗产代代传承，文化名人灿若星河，深刻影响着当下和未来。根据习近平总书记"要让收藏在博物馆里的文物、陈列在广阔大地上的遗产、书写在古籍里的文字都活起来"的要求，2021年，杭州市文化广电旅游局策划实施"杭州文物激活推广工程"，深入探索文物资源创造性转化和创新性发展新路径，以促进文化旅游与文物保护的深度融合、激活推广

"运河奇妙夜"活动现场

宋韵杭式生活节活动海报

博大精深的文物资源为目标，以人民对精神文化生活的向往为主旨，积极摸索、大
胆创新，逐渐形成独具杭州文旅特色的文物激活推广新模式。

二、项目主要做法和创新亮点

（一）塑造精彩 IP　助力文化兴盛

紧紧围绕"文物激活""文化兴盛"等主题，梳理城市文脉，推出一系列内涵
丰富、形式多样的文物激活推广和文化创新传播活动，让文物"活"起来。

1. "杭州奇妙夜"打造文物展示新窗口

将文化旅游与博物馆、数字经济、乡村旅游等有机融合，在主会场设置"奇妙

宋韵杭式生活节活动海报

博物馆""宋韵雅生活""玩转长三角"等十大展示单元，联动全市6大分会场和25个文化夜游点，共同打造城市文化消费的奇妙空间。线上线下拉动文旅消费总额达到7071.35万元，获得央视品牌中国、新华社、人民资讯、博物馆头条等40余家媒体报道，总曝光量达4.5亿次。核心板块"奇妙博物馆"集结甘肃省博物馆、苏州博物馆、浙江省博物馆、中国丝绸博物馆等12家博物馆，向市民游客充分展现浓缩文化精髓的文创精品，成为"杭州奇妙夜"最热门区域。现场设置的"家门口的博物馆"电子参观系统，让市民游客体验了一把云上逛展的乐趣。

2. 杭州文旅"新十大"挖掘江南文化底蕴新注脚

以激活杭州存量和增量文化资源为目的，策划推出"杭州文旅新十大"系列甄选活动。包括"文旅新势力""代表性历史文化建筑""文化新地标""文化新现象"

四大板块，从代表性人物、历史建筑、城市发展、生活方式等角度切入，梳理杭州文脉，激活文化基因。活动获得央视频、新华网、浙江电视台等 20 余家主流媒体报道，总宣传曝光量达到 1 亿次；"杭州文旅新势力"视频观看量也超 1 亿次。

3. 运河"旗"妙夜诠释运河文化新活力

紧紧围绕"运河文化"主题，举办大运河文化旅游季开幕式暨运河"旗"妙夜晚会，通过拱宸桥旗袍走秀、《家在运河边》《诗词里的运河》等节目，集中展现运河生活、非遗文化、大运河诗路和运河发展规划蓝图，还同步揭晓了 2021 "杭州旗袍"海内外获奖作品，获得新华社、中新网、人民网等 20 余家主流媒体报道，总曝光量超过 1.1 亿次。

4. "杭州宝贝过大年"呈现文物激活新气象

联合在杭知名博物馆策划推出"杭州宝贝过大年"活动。以"云拜年、秀宝贝、嬉新春"为主题，线上推出专属拜年帖、云上看展览、文物趣味动画视频等内容，线下开展创意作品征集、博物馆打卡等活动，得到人民网、文博圈、浙江电视台等融媒体报道，曝光量超过 4 亿次。其中，"云拜年"吸引到 102 万人次参与，"嬉春图"创意短视频获得 35.6 万次观看。

（二）厚植宋韵文化　提升文旅体验

以宋韵美学与杭式生活为主线，将宋韵文化以更生动、更时尚、更立体的方式进行呈现和传播，让宋韵文化可见、可感、可亲近，着力打造宋韵文化创新传播新高度，在杭州兴起一股宋韵雅生活热潮。

1. "宋韵杭式生活节"开创宋韵文化传播新模式

首推"宋韵杭式生活节"，内容包括时尚周、百味品、诗词咏、演艺秀等十大单元在内的近 30 项活动。结合中国旅游日，在杭州孔庙举办为期三天的开幕雅集活动，以宋画为主线，首次将宋韵美学与旅游、文创、美食、研学等产业紧密融合，设置"以画遣兴""簪花留春""品茶论道"等十大板块，整合国内宋文化传承人、艺术家加盟，通过数字化艺术展陈等多种形式，将宋韵美学与生活方式有机融合，开创宋韵文化雅集新模式。活动吸引了央视网、新华社、浙江卫视等百余家中

"运河奇妙夜"活动现场

央及省市媒体报道，总曝光量达 2.9 亿次。随后，在澳门国际旅展期间，策划举办"宋韵杭式生活走进澳门"主题推广活动，精心设置"雨过天青""晴窗抚琴"等八大板块内容，以宋韵生活美学彰显杭州城市魅力，活动曝光量达 9761 万次。

2. "苏东坡文化旅游节"传播宋韵文化新名片

联动苏东坡品牌文化联盟城市，举办"第二届苏东坡文化旅游节"，包括"来自苏东坡的邀请函""你好，苏东坡""少年东坡诗词咏""写意苏东坡——书画名家精品展"等线上线下活动，多维度、立体化展示苏东坡文化精神内涵。其中，"来自苏东坡的邀请函"线上活动参与人数已超 101 万人次。

3. "城市记忆工坊"宋韵课程走入寻常百姓新生活

以西溪两岸、运河匠心窗两个"城市记忆工坊"为主阵地，联动国际旅游访问点、高端酒店、市民体验点等机构，开设 30 场次"城市记忆工坊"宋韵主题课程，涵盖花道香道、竹纸文化、木雕技艺、宋代糕点、刺绣女红、古琴文化、金石篆刻、雕版水印、土布印染等多项主题，吸引 1000 名市民和游客聆听和体验，让宋韵文化走入寻常百姓生活。

宋韵杭式生活节活动海报

4."微观杭州"打造城市文化新空间

整合博物馆、星级酒店、非遗文创资源，以微展陈、微体验形式打造城市文化体验公共空间。目前已促成杭州西子湖四季酒店与中国丝绸博物馆等项目落地。新侨饭店、杭州艺尚雷迪森酒店也在国庆期间分别推出了宋韵沉浸式游园会、宋韵非遗活动，让住店客体验非遗文化，寻找南宋文化印记。

（三）解码文化基因　讲述杭州故事

注重海内外年青一代喜爱的传播方式，运用杭州文旅海外社交媒体平台创新营销，包装推出爆款线路，策划发布系列创意视频，深入浅出诠释杭州历史文化内涵和城市人文精神。

1. 海外宣传更生动

在杭州文旅海外社交媒体平台专业深度解读、挖掘杭州文化内核，策划举办了"属于你的杭州时刻"活动，整合澳洲百万量级旅游博主 Tara、良渚博物院专家、杭州年轻创意漫画制作团队等资源，推出 6 集"良渚文化互动漫画"，总曝光数超30.7 万次，互动数超 1.8 万次；与良渚博物院、杭州市社科院专家合作推出"跟着专家游杭州"良渚、南宋文化系列视频，深受海外粉丝喜爱。截至 2021 年 12 月底，五大海外社交媒体平台总粉丝数超 138.4 万人，总互动数超 108.1 万次。

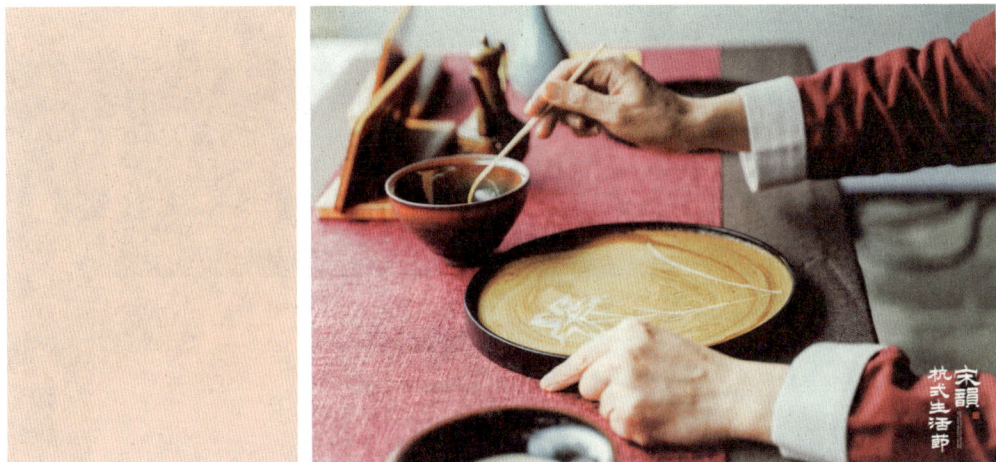

宋韵杭式生活节活动海报

2. 国内推广更深入

在"最忆是杭州"文化旅游大型促销活动中向福州、长沙、南京等城市力推世界文化遗产线路。组织本地头部旅行社推出"寻城记"系列线路，由文史专家带市民游客走读世界文化遗产地、博物馆和历史文化街区。推出3家宋韵杭式生活体验基地、12家宋韵杭式生活体验点、10条杭州文物激活爆款线路和10条非遗经典旅游线路，让市民游客全方位了解杭州文脉、解读城市记忆。

3. 创意传播更多元

选取在杭博物馆代表性文物元素，制作"杭州文物轻科普"系列动画短视频，分为《良渚人的"日记"》《吴越国的"祈愿塔"》《宋人的"摩登"生活》《明朝出口的"爆款"》共4个篇章，在新华网、抖音、杭州发布等平台进行发布，点击量超过1994万次。邀请杭州籍说唱歌手钟祺TangoZ为杭州文旅定制《奇妙杭州多来来》单曲，采用宋画风格，彰显宋韵元素，微博曝光超218.2万次。

三、主要成效

据不完全统计，"杭州文物激活推广工程"系列活动吸引了省市博物馆、文保单位、文旅企业、宋韵机构等300余家单位参与，吸引到海内外游客200万人次参与

"运河奇妙夜"活动现场

互动；海内外主流媒体宣传曝光超 15 亿次，2 次冲上新浪微博热搜，3 次登上学习强国全国平台；相关子活动促进了文化旅游与文物保护的深度融合，通过数字化、艺术化、年轻化的表达方式，让文物更加鲜活，让旅游更有内涵，打造独具特色的"文化的天堂——杭州"金名片，为实现共同富裕凝聚文化力量。

专家点评

　　杭州市文化广电旅游局策划实施"杭州文物激活推广工程"，是一个让文物更加鲜活，让旅游更有内涵的传播案例。该工程较深入地探索文物资源创造性转化和创新性发展新路径，以促进文化旅游与文物保护的深度融合、激活推广博大精深的文物资源为目标，以人民对精神文化生活的向往为主旨，可以说已探索形成了具有杭州文旅特色的文物激活推广新模式。其突出的特点是通过融合数字化、艺术化、年轻化的表达方式，让文化以更生动、更时尚、更立体的方式进行呈现，继续打造和更广传播了"文化的天堂——杭州"金名片，值得其他旅游城市借鉴。

2021 安徽自驾游大会持续唱响"驾游安徽"品牌

——安徽省文化和旅游厅、滁州市人民政府

一、活动简介

发车仪式现场

　　安徽自驾游大会是国内起步最早、举办届数最多、成果最丰硕的省级自驾游专业大会。自 2014 年至今，已成功举办 8 届，累计邀请全国范围内 1000 余家自驾游渠道商参与，持续培育"驾游安徽"特色品牌，推出数十条自驾游精品线路，率先推出"自驾风景道""交旅融合""电子路书"等产品概念。2021 年 9 月 24～26 日，2021 安徽自驾游大会在滁州市举办，邀请北京、天津、上海、江苏、浙江、山东、河南、湖北、陕西等 21 个省市 178 家自驾游协会、俱乐部、服务商代表近 400 人，

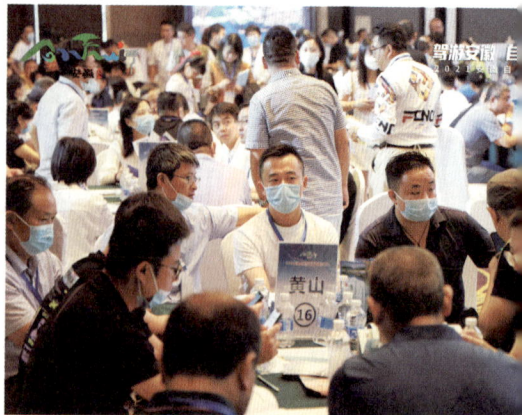

活动现场

主打推出"江淮分水岭风景道",整合搭建渠道资源对接平台,组织采风踩线活动,开展系列宣传推广工作,有效带动风景道沿线乡村旅游发展、农民群众增收,进一步丰富了"驾游安徽"业态模式,加快了"后疫情时代"安徽文旅产业振兴。

二、主要做法

（一）打造全新产品

安徽省文化和旅游厅提前 2 年谋划准备,指导滁州市以申办安徽自驾游大会为契机,全市开路布景,从无到有,从有到优,全新打造"江淮分水岭风景道"。这是一条横跨江淮分水岭、全长 500 公里的彩虹公路,沿途景观变景点,道路变景区,农副产品变旅游商品,拉动综合投资超 400 亿元。安徽自驾游大会"反弹琵琶",凭借自身品牌营销影响力,推动滁州市在申办过程中实现自驾游产业迭代升级。

（二）开展创新推介

大会创新推介形式,结合地方文旅特色,融合凤阳花鼓、舞台剧、旅游歌曲、群口相声等多种艺术形式,推出"驾游安徽 自在岭上"情景剧,生动呈现江淮风水岭风景道沿线悠久的历史文化与丰富的旅游资源;邀请"国民公路 G318"发起人李克崎现场分享《"万里征途"的"千里画卷"》,讲述自驾 G318 安徽段的故事。采

活动现场

风踩线中，在沿线重要节点组织农户商家推介本地旅游商品、农副产品，直接销售收入近 200 万元，推介销售相互促进，实现了社会效益和经济效益的双丰收，为助力旅游风景道沿途乡村振兴开辟了新的模式。

（三）组织对接洽谈

大会同期举办安徽自驾游渠道资源对接会，提前摸排省内各市自驾游行业激励政策、产业项目招商需求以及参会渠道商、投资商合作意向，整合自驾游产业链，精准对接政策方、资源方、渠道方、投资方等多方力量，着力打通信息通道、解决痛点难点、直接达成合作，做深做实"招商引资　招才引智"，共同推动安徽自驾游产业高质量发展。

（四）融合宣传推广

以"驾游安徽　自在岭上"为主题，围绕大会及各项子活动，深挖滁州"江淮分水岭风景道"亮点及特色，策划系列稿件、创造营销话题、统筹平台投放，打造全网现象级传播，进一步擦亮"驾游安徽"品牌。主要亮点包括：

1. 平台多元

分层构建密集的宣传推广渠道网络，包括人民日报客户端、新华网、央广网、中新社、《中国旅游报》等全国性主流媒体，全国交通广播联盟、各省都市报等区域

83

媒体，新浪、腾讯、网易、凤凰等门户网站，以及微博、微信、抖音、快手等自媒体平台。建立微博话题，邀请自媒体达人积极参与讨论。

2. 社交传播

秉承口碑营销理念，充分调动私域流量，在大会及采风踩线活动中设置专门环节，引导社交媒体互动分享，转发点赞。大会现场，由安徽文旅微信公众号发布的各市自驾游优惠政策长图，通过参会代表的同步转发，15 分钟内阅读量破万，从而吸引各类平台争相转载，有效实现了信息精准送达。

3. 科技赋能

以科技赋能自驾游推广，升级上线"驾游路书"微信小程序，集成安徽自驾游精品线路"吃住行游购娱"全面信息，依托 LBS 技术，打通高德地图 API 接口，实现一键导航、一键查询、一键分享，打造"驾游安徽"一站式推广平台。截至 2022 年 7 月，访问量超 175 万次，节假日呈现峰值；活跃用户分布 23 个省（直辖市、自治区），安徽、江苏、浙江、山东用户占比靠前；超过 55% 的用户停留时长超过 100 秒，其中 31% 的用户停留时长超过 300 秒（腾讯官方统计小程序全网平均停留时长为 30 秒）。

4. 品牌联动

先后与一汽大众奥迪、长城魏派、奇瑞捷途、江淮大众等汽车品牌联动，推出奥迪 Q8、魏派 VV7 等明星车型专属试乘试驾线路。与国民公路 G318 联动，在黄山、宣城、池州、安庆、芜湖等市设立网红打卡站牌，印制地图、明信片等公共宣传品，结合中国国际旅游交易会、公路旅行产业峰会、"此生必驾 318"巡展（东方之眼）等会展活动，开展宣传推广，形成合力。

三、主要成效

（一）做热了市场

安徽自驾游大会培育并打响了皖南川藏线、中国红岭公路、江淮分水岭风景道等一批风景与风情完美结合、诗与远方完美融合的精品线路，安徽已经成为长三角乃至全国自驾游客喜爱的重要目的地和打卡地。2021 安徽自驾游大会全新推出的自驾游线路受到游客热追，山东、河北、河南等省自驾游协会纷纷将滁州作为自驾皖南和长三角的中转节点，当地乡村旅游因此迎来蓬勃发展机遇期，节假日期间风景道沿线民宿、农家乐出现"一房难求""一桌难找"现象，助力滁州市服务业消费指数从全省倒数跃居第三。

（二）促进了合作

安徽自驾游渠道资源对接会共有 16 个洽谈小组，66 家省内资源方、100 多家渠道商参与，现场达成了包括组织发团、考察踩线、营地投资在内的近百个合作意向和近 20 亿元的投资意向。通过搭建对接洽谈平台，推动大会宣传推广成效落地，催生安徽自驾游发展的循环动力，打造"永不落幕的自驾游大会"。

（三）扩大了影响

据统计，全网媒体、平台、自媒体大号共 452 家参与大会宣传，累计发稿 1635 篇，实现长三角三省一市及周边省份全网覆盖。#驾游安徽自在岭上#微博话题综合阅读量达 1.7 亿人次；#一岭分江淮　一道看滁州#微博话题综合阅读量达 8062.4 万人次；单条游记类稿件《驾游安徽·最美公路》阅读量达 20.5 万人次。与安徽自驾游大会相关游记多次被各大流量 OTA 平台"加精"推荐，获评去哪儿网"金骆驼"、途牛精华内容，15 次登上大众点评旅游频道首页推介。

专家点评

2021 安徽自驾游大会，既立足安徽省全域旅游发展的需要，同时也体现了贯彻长三角一体化发展的国家战略要求，战略站位高、视野宏阔。在推广策划和方法方面，通过"反弹琵琶"的营销策略，凭借自身品牌营销影响力，推动滁州市在承办过程中积极完善道路、景点等硬件设施，创意推出"江淮分水岭风景道"自驾游精品线路，高端搭建"双招双引"政企互动平台，有效带动了风景道沿线乡村旅游发展和农民群众增收，大大丰富了"驾游安徽"模式和业态。整个活动放大了安徽自驾游大会的"溢出效应"，加快了安徽乃至长三角区域"后疫情时代"文旅产业的复兴。

嘉游赣文旅电子护照
系列宣传活动

——江西省文化和旅游厅

一、案例简介

嘉游赣海外网红传播活动

为实现游客"次次游江西、回回有优惠"的目标，2021年3月17日，江西省文化和旅游厅在"江西风景独好"全新服务子品牌——"嘉游赣"的基础上，整合"学子卡""英雄卡""友邻卡"等用户权益卡，推出了"嘉游赣文旅电子护照"，旨在打造一个集优惠资源、产品推广、游览预约、门票购买、主题活动、游客体验点评等功能于一体的省级旅游新IP、新势力。同时，全年宣传推广营销活动围绕"嘉游赣"主题开展。

嘉游赣海外网红传播活动

嘉游赣深圳航空联合推广

二、案例主要内容

（一）汇聚独有优惠权益，持续刺激游客出行意愿

嘉游赣文旅电子护照逐步整合江西省各地市的优质涉旅资源，向注册会员用户提供一系列独有的优惠产品和权益，例如：①底价购买全省 21 家重点景区门票；②定期推出省内重点景区及网红线路的爆款套餐，0.99 元享武功山、丫山千元权益等；③可在江西省内超过 1000 家合作餐饮商户享受 7.5～8.8 折的餐饮消费优惠；④可在江西省内 320 家影院享受全时段观影优惠；⑤每月推出滴滴打车和同程旅游提供的 5～100 元不等的打车和乘机专享抵扣券等。后续仍将不断整合资源，陆续推出新的优惠产品和服务，刺激游客出行意愿。

（二）打造用户社交积分体系，促进旅行服务品质提升

嘉游赣文旅电子护照是国内同类型省级官方平台中第一个也是唯一一个推出用户社交与积分体系的平台。为了让游客有参与感、有反馈意见和发布感想的渠道，也为了让主管单位和涉旅企业可以获取第一手的游客心声，嘉游赣文旅电子护照推出了游客社区功能。所有来赣游客在注册护照会员后，都可以随时随地的发表、记录在赣旅游心情，也可主动发布或参与与旅行有关的话题讨论，针对旅途中遇到的问题，还可在社区中提出投诉和建议。同时，平台的积分体系也会根据规则统一记录会员积分，为那些活跃用户或对江西旅游以及平台发展有积极贡献的会员准备了

精美的礼品与勋章，让广大游客成为江西文旅的推荐官，成为江西文旅提升改进的建议者，加深游客与平台之间的粘性。

（三）不断推出爆款活动，提升江西旅游全网热度

为了不断提升游客对江西旅游的热情，提高江西旅游在各大新媒体等平台的话题热度，依托嘉游赣文旅电子护照及"嘉游赣"主题推出了一系列高品质爆款活动。例如，"全国学子嘉游赣免票游江西"活动，全国大中小学生及研究生在注册嘉游赣文旅电子护照后即可免费获得该权益，经平台预约后到江西省 4A 级以上收费景区扫码核销后，便可享受免大门票政策。该活动在年轻人群中饱受好评，已经正式成为江西省的标志性文旅活动。再如，为了吸引外省游客入赣，依托嘉游赣文旅

嘉游赣江西航空联合推广

嘉游赣校园传播活动

嘉游赣校园传播活动

嘉游赣校园传播活动

电子护照又推出了"嘉游赣有好礼"活动,所有省外游客(以身份证号码为准)注册嘉游赣文旅电子护照后,前往江西省4A级以上收费景区并通过护照扫描景区内核销二维码后,即可在护照中选取景德镇精美瓷器一份,由活动承办单位免费快递送达。一系列爆款活动的策划和推出,极大程度地提升了游客对来赣旅游的热情和相关话题的讨论。

(四)全媒体宣传,营造江西旅游新势力

为了进一步提升嘉游赣文旅电子护照在全国范围的影响力,实现引客入赣、赣景出圈的目标,江西省文化和旅游厅采用全矩阵、多元化的方式对嘉游赣文旅电子护照进行宣传推广。例如,2021年3月,江西省文化和旅游厅在抖音上搭建的"不

嘉游赣系列推介会

嘉游赣校园传播活动

"不负春光嘉游赣"启动仪式现场

负春光嘉游赣"话题播放量突破了 16 亿次。2021 年 4 月以来，江西省文化和旅游厅与各设区市政府联合，陆续在上海、广州、福州、杭州、南京、厦门、西安、宁波等重点客源市场，组织开展了 30 多场"红土情深·嘉游赣"系列文旅推介活动。同时，还联合省内 21 家重点景区在周边省份重点高校、国内重要城市的核心广场、大型社区开展了一系列路演活动，为当地群众带去众多景区门票 / 套票、江西特产及文创礼品，现场氛围浓郁，有趣的文创，美味的特产、沉浸式体验式的参观游玩，引得观众纷纷拍照打卡，称赞连连。2021 年 7 月以来，江西省文化和旅游厅联合美团开展的"美好生活嘉游赣"，联合小红书开展的"标记生活嘉游赣"、联合携程开展的"携手同行嘉游赣"等网红达人直播、打卡、踩线等新媒体平台联名活动，相关话题阅读数和浏览量超过 2.5 亿次，极大提升了嘉游赣文旅电子护照在全网的影响力与讨论热度。

三、主要成效

（一）会员用户呈几何数增长

嘉游赣文旅电子护照上线 10 个月，注册会员用户数就已突破 375 万，月活会员超 100 万，护照内产品及服务使用次数超 80 万，逐步成长为江西旅游的新 IP、新势力。

（二）社会关注度持续提升，品牌影响力不断扩大

2021 年 4 月以来，《人民日报》、央视新闻、《中国旅游报》、《香港商报》、《江西日报》、央江西广播电视台、大江网、江西文旅发布、江西风景独好、抖音、小红书、快手等各类媒体平台均进行了专题报道，平均各平台用户浏览量均超过 3000 万。在省外重点城市、省内主要景区举办的各类线下宣传与主题活动也取得了良好的社会反响，参与活动的线下游客络绎不绝，尤其是省外的地推和路演活动，基本场场爆满。平台用户发布的游记、话题等内容已经超过 50 万条，收到各类群众和游客的后台留言与建议超过 3 万次，其中一位游客的留言写道："如果早点有全国学子嘉游赣免票游江西活动，或许那年清贫的我就能带她一起去武功山了。"在一定程度上反映了活动的价值以及在年轻人心中的关注度和影响力。此外，组织并招募

各类品牌联合传播与体验官群组超 30 个，总计 5000 余人。

（三）系列活动反响热烈

"全国学子嘉游赣免票游江西"活动吸引了全国 270 余万名学生关注，超过 90 万名学生前往江西各大 4A 及以上景区进行了实地打卡；在"不负冰雪嘉游赣·明月山过大年"活动中，春节七天时间共计有 2 万余名护照会员前往明月山体验冬季冰雪活动；"不负春光嘉游赣·寻味丫山""深航邀您嘉游赣""温暖过年嘉游赣""红土情深嘉游赣"等一系列主题活动在线浏览量超过 1000 万，实际带来超 100 万的游客的真实参与，"嘉游赣"以及"嘉游赣文旅电子护照"一度成为 2021 年江西旅游的网络热词。

专家点评

> 该系列宣传活动具有三大鲜明亮点。一是立意高、名字好。"嘉游赣"巧妙利用谐音，不仅将江西的简称与旅游结合，而且让人想起习近平总书记提出的"加油干"号召，朗朗上口，易懂易记。二是功能全、产品好。电子护照集优惠资源、产品推广、游览预约、门票购买、主题活动、游客体验点评等功能于一体，非常便于游客的出行和旅游体验的提升。三是年轻化、传播好。通过与抖音、快手、小红书等新媒体合作，有效触达年轻消费群体，引发了广泛的关注与共鸣。该案例表明策划和创意是旅游推介的核心要素，值得各地重视。

山东齐河立体式营销叫响
"黄河水乡" 旅游品牌

——山东省齐河县文化和旅游局

一、案例简介

黄河生态城旅游度假区

　　齐河县位于山东省德州市南端，沿黄河 62.5 公里，与泉城济南隔黄河相望。近年来，党中央、国务院作出建设黄河国家文化公园的重大决策部署，齐河紧紧围绕保护传承弘扬黄河文化、推进黄河文化旅游带高质量发展的国家战略，充分借力沿黄河的优越地理位置，聚焦黄河主题文化旅游资源，坚持"政企联手、区域联盟、上下联动"的营销推广机制，将城市形象宣传与旅游产品推广相结合，线上和线下相结合，以媒体营销、活动营销、联盟营销、全民营销为切入点，构建起政府、企业、居民、游客"四位一体"的全方位立体式的全民营销体系。

省内十大客源城市推广

山东省六个一百自驾游启动仪式

齐河文旅济南社区营销

全媒体春季采风行

2021 年，依托齐河新建、扩建和培育的黄河文化旅游精品项目丰富了黄河文旅融合业态，举办黄河文化旅游带建设推进活动，构建城市旅游联盟营销，开展内容丰富的文旅惠民消费季等，打出一套宣传推广齐河文化旅游的组合拳，叫响了"黄河水乡 生态齐河"旅游品牌。

二、具体做法

（一）坚持主动发声，亮相宣传大舞台

齐河县委、县政府高度重视文旅品牌打造，以县委一号文件形式出台《关于加快享誉全国旅游名县建设的实施意见》，通过设立千万元旅游市场营销专项资金，把眼光瞄准国内一线主流媒体，借势央视等国内权威媒体的力量，提升自身影响力。先后在

央视"朝闻天下""新闻联播"等栏目、北京地铁 5 号线、济南遥墙国际机场、高铁济南西站、北京南站等地投放旅游形象宣传广告，将齐河旅游的品牌效应提升到最大化。

（二）坚持联盟促销，扩大合作朋友圈

齐河县主动借力旅游城市联盟的推广力量，拓展行业协作，用好商会力量，扩大宣传推广朋友圈。

加强联盟合作。组织举办京津冀鲁协同发展旅游城市联盟成立大会，与京津冀鲁都市群重点客源城市结盟互推，邀请近千家重点旅游服务商来齐采风，拓展了京津冀鲁客源市场与合作渠道；积极融入"好客山东""黄河入海"旅游品牌，积极参加国内外文旅联合推介会。

拓展行业协作。与交通部门合作，举办齐河文旅跨市惠民直通车开通仪式，建立齐河重点景区与济南等地的有效免费连接，打通老年人、大学生等来齐旅游最后一公里通道。

借助商会力量。策划开展东盟十国旅行商齐河采风行、日韩招商推介会等活动，将文旅营销活动拓展到东盟十国和日韩地区，扩大齐河文旅国际合作渠道，提升国际影响力。

（三）坚持活动驱动，提升市场曝光度

齐河县坚持"政府引导、企业主体"，用财政资金撬动企业投入，积极策划特色活动，擦亮"黄河水乡 生态齐河"旅游品牌。

龙头活动扮好"领唱员"。2021 年，由文化和旅游部等主办的黄河文化旅游带建设推进活动在齐河举办，齐河县紧扣契机，用龙头活动引领，先后开展好客山东国际大学生文化旅游节、好客山东"六个一百"自驾游启动仪式、中国黑陶文化艺术节、德州市首届旅游发展大会等 20 余项活动，赋能黄河文化旅游带高质量发展。

多元活动奏响"合唱曲"。高水平举办文旅惠民消费季活动，开展"周末剧场·0 元看剧"文化惠民品牌演出；举办全域旅游产品推介会暨百万泉城市民游齐河、走进大学城暨山东大学生齐河旅游专线开通仪式、山东人游山东嗨翻季、黄河

海洋剧场

水乡国际马拉松比赛等活动；引导企业举办天空音乐节、非遗美食节、浪音节、欧乐堡烟花灯光秀等文化旅游活动，提升齐河旅游市场关注。

（四）坚持内容策划，打造出圈大网红

面对近几年涌现出的"网红"目的地和"出圈"现象，齐河坚持内容和流量两手抓，紧紧抓住文旅产品宣传推广的系统核心，打造"黄河水乡 生态齐河"可持续 IP。

全媒介推广，借流量做内容。组织策划多场主播达人全媒体采风行活动，各地网络大 V 通过直播、制作旅游视频、撰写旅游攻略等形式，借助"网红"吸引大众关注，将线上流量转变为目的地"长红"，高效实现品牌的二次传播，实现内容创新和可持续发展。邀请专业团队策划制作"齐音""齐飞""齐味""齐 GO"等系列微电影、微纪录片，并在抖音、快手、微信视频号等短视频平台投放，由歌手陈思思实景拍摄《相约齐河》MV，投放各大媒体进行宣传播放，增强对"黄河水乡 生态齐河"品牌的感性认知，树立起现代时尚与文化底蕴并存的齐河旅游形象。

拥抱"Z世代"，借网剧做营销。以欧乐堡为首，针对"90后""00后""Z世代"为主要消费人群的景区旅游目的地进行重点推介，引入网剧《第二次初恋》在齐河现场拍摄，通过催热取景地打卡新经济，借助电视剧影响力扩大消费者群体，提高品牌曝光率，提升齐河旅游知名度。泉城欧乐堡旅游度假区、中国驿·泉城中华饮食文化小镇、黄河文化博物馆群成功入选"好客山东网红打卡地"。

聚焦重点区，借阵地做推广。面向重点客源市场，与腾讯合作策划冬游活动，借助微信朋友圈投放宣传内容，"冬游齐鲁　暖在齐河"单次活动网络曝光量达4000万人次以上。线下重点开展"社区地推"营销，直面游客。在周边济南、东营、泰安等重点客源市场开展专题推介活动；面向省会城市圈，在200余个大型社区、100余个广场街区及重点路口投放社区广告、电梯广告、LED屏联播广告，并组织文旅企业赴泉城路、"万象城"等商圈开展营销活动，在客源市场制造口碑效应。

三、主要成效

截至2021年12月，齐河围绕"黄河水乡　生态齐河"旅游品牌，举办30余场系列节事活动，引爆旅游经济，游客接待量实现年均10%左右的递增提升。特别是

天空音乐节现场

在疫情常态化防控下，位于齐河的泉城欧乐堡度假区夜游活动较同期大幅增长，仅2021年春节到元宵节15天时间，泉城欧乐堡梦幻世界景区接待游客近30万人次。

在"黄河水乡　生态齐河"旅游品牌主题下，2021年齐河文旅品牌先后9次被央视宣传报道，并与山东电视台、齐鲁频道、抖音平台等媒体建立长期合作关系，采用电视新闻、网络直播、短视频、报纸等多种形式，以多点开花的方式进行宣传推介，媒体触达超1亿人次。2021年齐河泉域欧乐堡度假区在美团、高德、抖音等平台的搜索量进入全国热度榜TOP50。

"四位一体"的营销推广整体提升了齐河旅游知名度。2021年全年，齐河举办了由文化和旅游部、国家发改委及山东省文化和旅游厅联合举办的黄河文化旅游带建设推进活动；黄河国际生态城入选文化和旅游部发布的10条黄河主题国家级旅游线路，齐河旅游跻身"国家级舞台"；"2021齐河旅游全媒体春季采风行"活动获评山东省县（市、区）级文旅管理机构网络营销优秀案例；齐河县入选第一批山东省级文化和旅游消费试点县，入围中国旅游报社"2021年度中国旅游产业影响力案例（2021年度中国旅游高质量发展县（区）案例）"。

专家点评

　　齐河案例的亮点在于传统推广手段和新兴媒体运用相结合。首先，依赖传统权威媒体打造品牌。广播、电视、报纸和广告牌等传统媒体在旅游宣传推广中依然发挥着重要的作用，在央视新闻中出现，并在目标市场的主要交通枢纽设置大幅广告，能够有效地提升品牌的知名度，增加品牌的认知效果。其次，通过业内推广增加推广渠道。业内推广是旅游目的地宣传推广性价比比较高的手段之一。在业内搭建关系良好的"朋友圈"有助于长期保持信息的传播效率。再次，通过主办和参加各种展会、大型活动，增强宣传力度。最后，聚焦年轻人注意力所在，通过影视剧拍摄促进当地形象在青年市场的传播，并能够运用新媒体手段，在传播渠道上提高接触到目标市场的效率，提升品牌传播的力度和效果。

衡阳南岳"祝融"品牌借船出海宣传案例

——湖南省衡阳市南岳区文化旅游广电体育局

2020年7月23日，负责执行中国首次火星探测任务的探测器"天问一号"成功发射。7月24日，中国第一辆火星车全球征名活动正式启动。2021年4月，我国首辆火星车成功命名为"祝融号"。衡阳市南岳区借助火星车命名活动，借助各类自媒体渠道优势，打造"祝融探火"文章，配合一系列文旅活动，积极宣传"祝融"IP，对南岳区在品牌打造、产业转型、激活市场等方面起到了积极的促进作用。

祝融峰顶我最红快闪活动

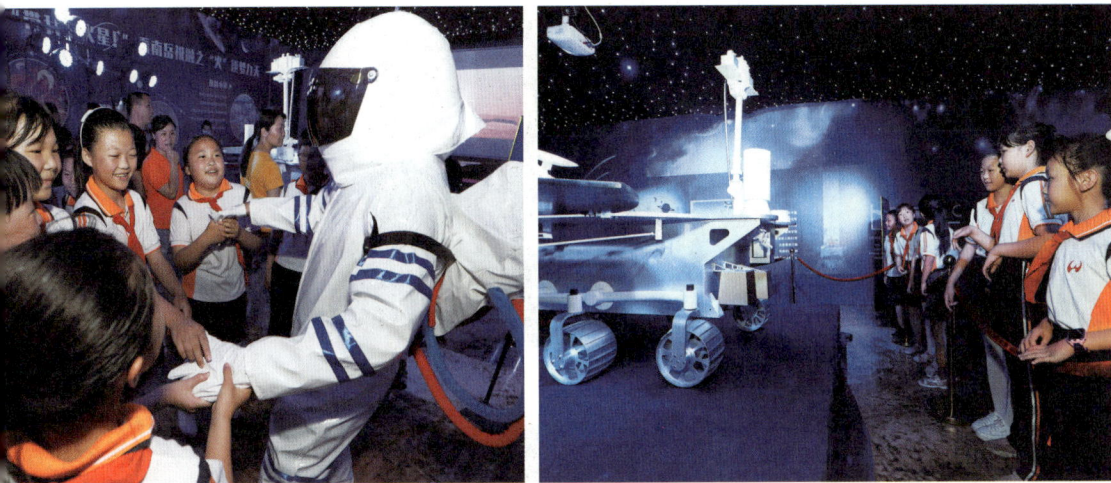

火星体验馆

一、案例简介

祝融，是中国上古神话中的火神，南方的人文祖先之一，教会了古人学会用火。相传，今湖南境内、中华五岳之一的南岳衡山，是祝融施行火政、管理南方事务的地方。祝融死后，人们以衡山最高峰的命名来纪念他。在人类的文明进程中，火象征着光明、进取、朝气、活力，祝融探火、造福于民，让人类走出蛮荒、走向文明，为民造福的祝融赢得了人们的敬重，也一直为华夏儿女所敬仰和膜拜。2018年8月30日，湖南省第十三届运动会圣火便是在衡阳市南岳衡山祝融峰顶成功采集。

2020年7月24日，中国第一辆火星车全球征名活动正式启动。2021年1月18日，国家航天局探月与航天工程中心从近4万个有效提名中选出了祝融、弘毅、麒麟、哪吒、赤兔等10个名称，作为中国首辆火星车的命名范围。此后，通过40天的公众网络投票、专家评审等层层遴选后，最终"祝融号"脱颖而出。

衡阳市南岳区借助中国第一辆火星车命名活动，成功打造"祝融探火"文章，引发了中国人对中华传统文化的认同与自豪，对其精神的传承与认可，延伸出了人们对南岳衡山深层次的关注与追寻。该案例通过中华传统文化与现代航天探索未知相结合塑造了地区独有的文化IP，是通过文化IP营销促进文旅行业繁荣发展的优秀案例。

祝融传说剧照

南岳庙会

二、主要做法

（一）有条不紊，进行宣传造势

火星车全球征名活动正式启动时，南岳区巧抓机遇，挖掘南岳衡山火文化内涵，积极推广"祝融"命名，打造"祝融探火"系列文章，借助新华社、新华网、《人民日报》、新湖南等数十家媒体，抖音、新浪微博、微信公众号等自媒体持续发布，积极宣传造势，让全球目光聚焦"祝融"。整个征名活动期间，仅百度 App 端内资源位整体曝光就达 161.2 亿，活动主话题＃中国火星车全宇宙征名＃阅读量 1.2 亿，21.4 万人次参加讨论。

命名确定当日，在与祝融同名的南岳衡山峰顶上，百余位快闪志愿者自发组织了一场名为"祝融峰顶我最红"的快闪活动，庆祝中国首辆火星车命名"祝融号"，祝愿伟大的祖国越来越红火,快闪队员们所迸发出的激情感染了来自全国各地的数千游客。随后,南岳区独具匠心,安排五大文旅活动,打造文旅盛宴。南岳衡山祝融峰下同时举办湖南省衡阳市南岳区举办祝融火文化园开园、《祝融传说》舞台剧开演、南岳美术馆开馆、《锦绣潇湘·南岳衡山七十二峰图》首展暨"书法名家写南岳"五大文旅活动,到南岳看人文大戏、赏七十二峰图长卷、观千年南岳庙会,乐享祝融文化盛宴,成为全国游客争相打卡的潮流。

（二）抢抓机遇,提质文旅产业

南岳以旅游立区,旅游产业是南岳区战略性支柱产业,是全区经济社会发展的主命脉、总抓手,旅游对 GDP 贡献率超过 90%。在疫情防控常态化形势下,如何积极推动文旅转型,逐步走出"烧香祈福"旅游模式单一的窘境,成为南岳急需解决的重大问题。南岳区抢抓机遇,结合《祝融探火》热点事件,借火星探测之"热"为转型之"机",迅速推出祝融火文化园、《祝融传说》大型室内情景剧、古镇商业步行街、含有祝融元素的旅游产品等。同时建成了以红星骑行村落、水濂特色美食、寿岳十里茶乡为主体的"全域旅游经济走廊",推出三大红色主题游线路、非遗展演、飞拉达(即岩壁探险或铁道式攀登)等旅游新业态。

文旅新业态项目的建成,不仅塑造了南岳文旅产业新格局,补齐了南岳全域旅游发展短板,同时对弥补南岳多年来的夜间旅游空白、擦亮南岳旅游文化名片起到重要作用,初步形成南岳景区"白天登衡山祈福,夜晚剧场观盛典"的旅游新格局。

（三）趁"火"打铁,树立"祝融探火"品牌

2021 年 5 月 15 日 7 时许,我国首辆火星车"祝融号"在火星乌托邦平原南部预选着陆区成功着陆。得知这一振奋人心的好消息后,南岳区主动作为,策划一系列与祝融、火星、航天有关的主题活动树立"祝融探火"品牌形象。积极与航天集团相关部门对接,在祝融号火星体验馆,放置按照 1∶1 等比还原我国首辆火星车"祝融号"的火星车模型。同时通过科普中国首辆火星车"祝融号"发展历程,提供沉浸式火星体验场景和宇航服穿戴体验,联动火星题材户外电影等多种形式,向市民及游客宣传普及"祝融号"、火星以及祝融火文化的相关知识。

三、主要成效

（一）祝融品牌带火文旅消费

随着"祝融号"火星车热度持续升高，全国各地的游客纷纷慕名而来，南岳顺势而为，迅速推出以祝融火文化园为主线的一系列文旅主题活动。历史情景人文大戏《祝融传说》成为"白天登衡山祈福，夜晚剧场观盛典"的来南岳朝圣不能错过的心愿之旅。"火秀祝融"火灯庙会，汇集各地名特小吃与火爆全网的"神级"美食。系列活动深度激发游客的参与感和体验感，打破固有单一的旅游动线，全面激活夜间经济，2021 年"五一"期间，南岳共接待游客 29.53 万人次，实现旅游总收入 24776 万元，接待游客数与 2020 年、2019 年同期相比，分别增长 729.49% 和 42.11%。

（二）火神福地转身康养胜地

"祝融"意为祈祷光明，南岳巧妙借势"祝融探火"，将火神祈福求寿传统文化与康养经济结合，坚持"文旅＋康养"一体发展，紧盯"做品牌、做主题、做体系、做平台、做标杆"，围绕"养德、养心、养生、养气、养神"和"药疗、食疗、理疗、心疗"等主题，积极引进战略投资者，做实做优康养经济，以先进理念诠释中国传统文化中寓意健康长寿的图腾。计划总投资 21.7 亿元的"见南山"文旅康养综合体项目开工建设，中医康美文旅示范基地正式签约，华声亲知南岳衡山国际研学营地项目加快推进，南岳将打造湖南乃至全国"康养＋旅游"产业标杆。

（三）冰火交融引爆冬季文旅市场

2022 年恰逢冬奥盛事，北京冬奥会的"窗口期"带来了冰雪旅游发展"黄金机遇期"，衡阳市抓住有利契机，大力推广"来南岳山看火星车，登祝融峰赏雾凇景"系列活动，到火神福地冰雪旅游成为新风尚。春节假期，南岳衡山迎来一年中观赏雾凇雪景最佳时节，祝融峰雪岭雾凇银装素裹，玉树琼枝亭亭玉立，游人旅客踏雪问道，赏雪祈福，景区每日游客接待量均达 8000 人次以上，形成了"淡季不淡"火热市场。

南岳四绝——冬赏雪

祝融小镇

（四）探索文旅 IP 深层次融合

2021 年湖南省国际文化旅游节在南岳举办，借助这一面向国际的文旅平台，开幕式上，一段"天地连线"与祝融号火星车的对话惊艳全场，这也是南岳探索"祝融"IP 深层次融合的全新尝试。火星的探测计划对人类意义重大，"祝融号"也会为人类和地球带来光明与希望。"祝融探火"将中华传统文化与现代航天探索未知进行深层次的融合，塑造了衡阳南岳衡山独有的超级文化 IP，也展现了中华文化认同、文化自信自豪。对中华传统文化精神的传承与认可和对现代航天探索精神，二者犹如星火蕴藏心底，时刻温暖，聚可燎原。对打造南岳世界级文化旅游目的地品牌起到了积极促进作用。

专家点评

祝融是上古神话的火神，后人将衡山最高峰命名为"祝融峰"以示纪念。火象征着光明、进取、朝气、活力，祝融探火、造福于民，让人类走出蛮荒、走向文明。衡阳市南岳区借助中国第一辆火星车命名活动，成功打造"祝融探火"文章，引发了人们对南岳衡山深层次的关注与追寻。该案例通过中华传统文化与现代航天探索未知相结合塑造了地区独有的文化 IP，是通过文化 IP 营销促进文旅行业繁荣发展的优秀案例。

张家界一封让网民破防的公开信

——湖南省张家界市文化旅游广电体育局

2021 年 7 月 29 日，张家界市确诊 1 例本土新冠肺炎病例。经流调判断，张家界的首发病例与南京禄口机场外溢疫情相关。当晚 8 点，张家界市人民政府第一时间召开专题新闻发布会。发布会上宣布，从 30 日上午起，全市所有景区景点关闭；张家界市疾控部门也发布了《关于暂不要来张家界市旅游的提示》。

一、案例简介

突如其来的疫情，令张家界迅速按下旅游"暂停键"。时值暑期旅游旺季，不

张家界主城区封控

中共张家界市委旅游工作委员会办公室

致居留在张家界游客朋友的一封信

亲爱的游客朋友：

非常感谢您选择来张家界旅游。因我市出现确诊病例，根据联防联控机制相关要求，我市两个区 11 个街道调整为中风险地区。全市所有景区景点于今天全部关闭。我们非常抱歉给您带来了诸多不便，也希望在这个特别的时段，能以我们周到的服务，让您感受到张家界的另一种美。为了您的身体健康和疫情防控工作需要，特别向您作如下提示：

1. 请您在离开张家界之前配合完成三次核酸检测。全市所有核酸检测点都专门为您设置了应急免费核酸检测游客专用通道，团队游客请由旅行社组织检测，自助游客请您就近选择检测。

2. 我们非常理解您的归心似箭，以及渴望早日离开有确诊病例所在地的急迫想法。但请您一定要冷静思考：在没有确认自身安全的前提下，您回到单位或与家人团聚，会给身边在意的人带

未什么样的潜在风险？请您能够多多考虑自己和家人安全，遵守国家疫情防控要求，配合酒店、旅行社、所在街道社区（村居）做好居店自我隔离，落实各项防控措施，非必要不外出。我市相关旅行社、酒店、疾控部门等将为您居留在张家界期间提供便利温馨服务。

3. 当您完成三次核酸检测，符合离张条件后，我们将为您提供 24 小时咨询服务，以方便您顺利离张。如需帮助请您致电 0744-8380188。如果您是团队客人，请与接待旅行社对接；如您是需要租车服务的自助游客人，请您致电张家界市旅游协会旅游运输分会许先生（电话：15974411110）。

风雨过后见彩虹。有您的理解和配合，我们一定能众志成城，战胜疫情。张家界三千奇峰、八百秀水永远欢迎您；张家界人民永远是您的朋友！

中共张家界市委旅游工作委员会办公室
2021 年 7 月 30 日

致居留在张家界游客朋友的一封信

少外地游客滞留在张家界，为有效阻断和控制疫情的传播，同时安抚好滞留游客的慌乱情绪，有序做好滞留游客服务保障和后续疏散工作，中共张家界市委旅游工作委员会办公室发布了《致居留在张家界游客朋友的一封信》（以下简称"一封信"），温馨提示滞留在张家界的游客朋友积极配合开展疫情防控工作；与此同时，推出了闭园海报《张家界：我的不舍你一定会懂》（以下简称"一组海报"），"一封信"和"一组海报"通过张家界主流媒体、张家界旅游官方公众号、微博、微信、抖音等网络媒体广泛转载，引起了滞留游客及广大网友强烈反响，瞬间登上热搜，全网破防，并有网友感叹"这是一座城市的邀约""欠张家界一次旅行"，为疫情防控工作的有序开展营造了良好的舆论氛围。

"一封信"和"一组海报"展示了有温度、有情怀、有格局的国际旅游城市形象，彰显了有责任、有担当、有作为的湖南旅游"龙头"风范，扩大了城市形象品牌舆论效应，提升了张家界旅游品牌美誉度和影响力。

二、主要举措

（一）科学应对、全面管控

1. 发布管控禁令

7 月 29 日晚张家界市政府宣布：张家界市辖区内所有景区景点于 7 月 30 日上午

105

8:00 起全部关闭；7 月 30 日，市疫情防控指挥部发布 1 号令，11 个办事处调整为中风险地区。同日又宣布，对市内所有小区封闭管理，全市所有休闲、娱乐、旅游购物、文化演艺、影剧院、博物馆（纪念馆）、KTV、足浴、地下商城等密闭场所立即关闭。

2. 全员核酸检测

对涉南京禄口机场人员、中高风险地区来张人员、"红黄码（卡）人员"做到来一人、管一人。针对大数据发现的"红码"人员，全部跟踪管控到位。对有张家界市旅居史的核酸阳性人员、确诊患者和无症状感染者，全面摸排密切接触者、次密接触者，迅速组织开展"地毯式""全覆盖"核酸检测，确保应检必检、应检尽检。

3. 控制人员聚集

全市火车站、汽车站、高铁站、飞机场、公交车和出租车等公共交通场所及工具重点防控，严格落实扫码、验证、测温、戴口罩、环境消杀、留置点设置等措施；张家界市范围内 7 月 30 日起一律停止赈酒、聚会、节庆等人员聚集活动，红事不办、丧事简办。

（二）精心施策、服务游客

市委旅游工作委员会办公室通过发布《致居留在张家界游客朋友的一封信》，请滞留游客在离开张家界之前配合完成三次核酸检测，并告知全市所有核酸检测点都专门设置了应急免费核酸检测游客专用通道，团队游客请由旅行社组织检测，自助游客人请就近检测；张家界市相关旅行社、酒店、疾控部门等将为游客居留在张家界期间提供便利温馨服务。请滞留在张家界的旅客和游客，根据核酸检测结果决

媒体报道

定是否离开张家界市，并为核酸检测合格、拟离张旅客和游客提供租车服务。

市疾控部门发布了《关于暂不要来张家界市旅游的提示》，对张家界疫情防控情况及时通报，温馨提示计划近期来张家界市的旅客和游客暂缓或延期。

（三）加强宣传、精准营销

1. 发布《致居留在张家界游客朋友的一封信》

为进一步做好滞留游客相关服务保障和后续疏散工作，结合实际情况，中共张家界市委旅游工作委员会办公室发布了《致居留在张家界游客朋友的一封信》，"一封信"一改公文的"冰冷面孔"，不打官腔，不讲套话，而是娓娓道来，循循善诱，引起了滞留游客及广大网友强烈的情感共鸣。

2. 推出海报《张家界：我的不舍你一定会懂》

"其实想说'你莫走'，只能暂话'你别来'""云开'疫'散，重逢有时""携手战'疫'、见图如面""嗨，离开时，把张家界装进你心里带走""如画美景永远在，风雨过后等你来！"内容真诚、温情又理性，更是一度被网友称为"教科书级的通告"，极大地提升了张家界的美誉度和知名度。

三、主要成效

2021年7月下旬至8月下旬，面对建市以来最严峻、最危急的新冠肺炎疫情，

一组"闭园"海报

全市人民众志成城，合力抗疫，守住了疫情外溢底线，实现了一个全周期内疫情"清零"目标。其间，《致居留在张家界游客朋友的一封信》《张家界：我的不舍你一定会懂》令全网破防，登上热搜，赢得无数网友的一致好评。

1. 有效放大了新媒体的整体传播力

海报《张家界：我的不舍你一定会懂》，发布不到一小时，这组海报阅读量就超过了10 万，五张海报在朋友圈不断"刷屏"。一张张刷屏的海报，不少滞留游客及网友把"抗疫必胜"的希望寄托于其中，期待着"新的开始"，"疫情终将过去，繁花必将如常"。

由中共张家界市委旅游工作委员会办公室发出的《致居留在张家界游客朋友的一封信》，55 万网友纷纷留言点赞"张家界有温度有担当""一座有温度的城市，一纸有担当的言语""'国际张'大格局，我欠你一张门票"。

2. 有效提升了城市形象和品牌影响力

疫情发生以后，张家界市将滞留市区的游客全部安全转移至定点酒店，组织工作人员提供精准精细服务和心理疏导，获得了游客朋友们的高度肯定及一致好评，有效传递了张家界温度，树立了湖南省旅游龙头的标杆形象，提升了张家界品牌影响力。

"中国，very good！"安置在张家界青和锦江国际酒店的德国籍游客 Anton 向前来慰问的武陵源区政府工作人员点赞，"中国的抗疫措施让人放心，张家界善待游客的行动让人很安心"。

"不是亲人胜亲人，我们在这里很安心！风雨过后见彩虹，我们还会再来的。"滞留张家界的上海旅客刘珊说，滞留在张家界期间，她享受到了五星级的服务，她期待张家界早日打赢这场疫情阻击战。

"张家界人民非常热情友好，我们现在就像一个大家庭，我学会了很多防疫知识，享受了很多美味食物。"俄罗斯姑娘Anna说，疫情结束后，她还要再来张家界，"这里的人和风景都很美。"

"虽然这次来有遗憾，但不愧是"国际张"，张家界的友善让人热泪盈眶。待疫情过去，我们还会再来的。"有游客在微信上留言。

3. 有效助推了张家界旅游市场向好发展

"这才是公文打开的正确方式""教科书式的危机应对范例""这座城市最诚挚的邀约"是无数网民的心声。网友感叹，张家界不仅有风景之美，还有人文之美，纷纷加油打气，"风雨过后相约张家界"。舆论引导先手棋，为疫情防控工作的有序开展营造了良好的舆论氛围，也为战胜疫情奠定了良好的基础，城市的正面宣传进一步提升了城市的美誉度和知名度，有力助推了张家界旅游市场向好发展。

专家点评

2021年7月29日晚，湖南省张家界市人民政府新闻办举行疫情防控新闻发布会，宣布从7月30日起，张家界市所有景区景点关闭。红网张家界分站30日即刻推出海报《张家界：我的不舍你一定会懂》，不到一小时，这组海报阅读量超10万，55万网友冲进张家界闭园后的直播间，纷纷给张家界加油。同日，观察者网刊发"被张家界闭园海报破防了"一文瞬间阅读量超10万，微博话题#被张家界闭园海报破防了#阅读量更是达到2亿，讨论量2.5万条。张家界用真诚的态度，主动作为和勇于担当的举措感动了游客，赢得了理解和支持，巧妙地化解了"闭园"的负面影响。

"深圳十二时辰" 24 小时全媒体大直播文体旅宣传推广活动

——广东省深圳市文化广电旅游体育局

一、导语

2021 年是"十四五"的开局之年,是深圳加快建设中国特色社会主义先行示范区、打造全球海洋中心城市、建成国际国内旅游购物消费重要目的地的关键时期。面对复杂的国际环境和疫情防控形势变化,深圳立足新发展阶段,贯彻新发展理

活动主题海报

念，构建新发展格局，为适应新时代新变化不断创新旅游宣传推广新模式。深圳市文化广电旅游体育局顺应数字化、网络化的旅游消费趋势，利用新技术开展线上演播，打造新场景突破时空和地域限制，充分发挥文旅融合和体旅融合的新动能，全方面展现深圳这座城市的魅力；以大型直播活动为点，通过微信公众号、视频号、微博、抖音、今日头条等各个网络平台形成矩阵，联动户外大屏、公交站牌广告、公交、地铁移动电视宣传等传统广告媒体在24小时内不间断地结合不同时段进行全域旅游新要素、新玩法的宣推，集中式的信息轰炸引爆多个旅游消费亮点。

2021年9月19日到9月20日，深圳市文化广电旅游体育局携手深圳广电集团联合推出《这就出发》第三季——"深圳十二时辰"大型文体旅宣传推广活动，给来深游客和深圳市民带来一场呈现深圳开放多元、兼容并蓄、创新创意、现代时尚城市特质的极致之旅，这也是一场深圳建设社会主义文化繁荣兴盛的城市文明典范、打造著名体育城市、创建国家全域旅游示范区的具体实践，一场深度挖掘城市潜力、培育文体消费、推动本地旅游的生动展示。

二、主要做法

（一）拳头产品多业态辐射，开展层次感、立体化宣推

"深圳十二时辰"24小时全媒体大直播从2021年9月19日凌晨5点开始到9月20日凌晨5点，宣推模式突破以往介绍推文、海报、倒计时视频的固有节奏与模式，融入产品思维，推出多款辐射多业态的拳头产品。通过微信推送"深圳十二时辰"摄影长卷、互动H5、微博的话题征集九宫格海报、视频号、抖音的深圳八景无人机秀、主题曲MV、精华舞蹈片视频，将宣推作品经《深圳发布》、@深圳微博发布厅、@深圳交警、@深圳盐田交警、《深视新闻》、《第一现场》等政府官方平台、主流媒体转载。

（二）奥运健儿、知名艺术家推荐旅游，与虚拟主播"小游"一起和网友互动

《这就出发》第三季"深圳十二时辰"24小时全媒体大直播文体旅宣传推广活

动邀请了深圳市文化广电旅游体育局局长曾相莱、深圳市文化广电旅游体育局二级巡视员杨永群，以及刚刚取得奥运奖牌的中国女子花样游泳运动员王柳懿、王芊懿，深圳市旅游协会会长、华侨城集团有限公司党委常委、副总经理倪征，深圳歌剧舞剧院副院长、国家一级演员李晨晨，深圳市音乐家协会副主席、国家一级演员杨乐等奥运健儿和深圳知名艺术家，携手组成起深圳旅游"i 游推荐官"，与虚拟主播"小游"一起与网友、游客在线互动，体现全沉浸式的深圳全域旅游。

（三）集中展现深圳十二时辰的每个时辰的特色旅游资源

12 个时辰，12 个主题，12+ 网红打卡点，为丰富"深圳十二时辰"大直播内容，深圳广电集团派出 12 个团队奔赴深圳 10 区，筛选出最具特色的深圳旅游特色资源呈现出来，把深圳"旅游城市""千馆之城""千园之城""山海之城"等概念以视觉化效果呈现给线上观看直播的人群，受到了广大市民、游客的欢迎和肯定。

从唤醒深圳的第一缕阳光，到天文台前静默闪烁的群星，"深圳十二时辰"跨过山海人潮，赏渔舟唱晚，感千帆竞渡。蛇口美食街里卧虎藏龙，粤菜大师亮出拿手绝活；体育场馆热火朝天，共享全民运动新福利；灯塔图书馆黄金满屋，书页轻翻征服星辰大海。中秋佳节，人月两团圆，中华民俗村内"燈月行动"，猜灯

活动现场

谜，看杂技，主持人解谜题环环相扣；欢乐海岸"皓夜逐梦"，光瀑、拾梦之星，浪漫互动装置让人流连忘返。特别值得一提的还有直播中的深圳爱情故事版块，提前征集、策划、组织的湾区之光摩天轮求婚仪式感动了不少市民、网友，话题 #在深圳地标的这场求婚看哭了# 连续 2 天登上微博同城热搜，最终斩获 676 万的阅读量。

三、主要成效

（一）多渠道宣推直播活动触达大湾区近两千万人

宣推活动的前期预热采用在深圳主要地标建筑——深圳平安金融中心、京基 100 等楼体滚动播放活动主题标语模式，使"深圳十二时辰"的宣传语涌现在城市高空，将"全域深圳　无所不游"概念深入人心。活动期间，深圳主干道周边楼体、核心商圈、旅游景区等户外大屏滚动播放活动宣传片及海报等全城亮屏；各区核心地段大人流量公交站牌广告，公交、地铁移动电视宣传等全城曝光；微信朋友圈广告辐射粤港澳大湾区 6 个地市及广东省外 4 个省市，总曝光量超 1855 万人次。

"深圳十二时辰"活动现场

"湾区之光"摩天轮

　　"深圳十二时辰"立体式宣推活动总曝光量超 1 亿，其中，直播全网观看量 520 万，热搜话题达 16 次，相关话题全网阅读量 5442.9 万，快手话题＃深圳十二时辰＃进入全国热榜，全平台共发稿（含视频）220 条，阅读（观看）量超 798 万。9 月 17 日到 9 月 28 日，深圳卫视《深视新闻》时段播出"深圳十二时辰"15 秒宣传片共 12 次，在 59 个城市组共获得 0.872 个收视点，触达 841 万总人次，深圳地区共获得 4.428 个收视点，触达 239 万总人次；都市频道《第一现场》9 月 17 日到 10 月 7 日播出"深圳十二时辰"15 秒宣传片共计 31 次，560 多万人次收看；移动视讯（地铁＆公交）共播放宣传片 378 次，收视覆盖深圳 1800 万出行人口；深圳广电广播四大频率（新闻频率、音乐频率、交通频率、生活频率）口播 2 分钟活动内容共十次，收听人次约 296 万。微信朋友圈广告投放辐射粤港澳大湾区 6 市以及湖南、江西等广东省外 4 个省市，覆盖及触达人群超 1855 万人次。

（二）通过"给深圳起个昵称"话题引发全国游客大讨论

　　在直播的话题互动过程中，深圳市文化广电旅游体育局曾相莱局长与大家分享了深圳打造世界级旅游目的地的创新思路，并在线发出"给深圳起个昵称"的邀请，吸引了广大市民、网友参与讨论，涌现了"魅都""创都""闯都""梦都"等等很多有趣又有意义的"深圳昵称"，大家回复积极、热烈，话题瞬间冲上微博热搜，获得超 570 万阅读量，《第一现场》单条微博评论量就超 2000 条。

　　宣推活动在线上推广的同时也注重线下线上的联动，设置了多种互动玩法，让

观众在线上观看直播的同时，可以到线下的景区及打卡点参与游戏、互动或者领取活动礼品，直接引流到文旅消费场所，真正实现线上线下有效互动。

（三）通过首发深圳盲盒，积极探索促进旅游产品销售新思路

《这就出发》第三季"深圳十二时辰"24 小时全媒体大直播文体旅宣传推广活动首次尝试运用盲盒概念，在 9 月 19 日活动当天发布深圳旅游盲盒。其中，免费抽盲盒活动吸引了很多市民、游客的关注与参与。在直播间发布抽奖互动 H5 后 2 小时内，有 2 万人参与抽盲盒，浏览人数达 3.5 万人。

深圳旅游盲盒是通过创新形式将各大景区的旅游产品做资源整合，形成优质惠民旅游产品，以非常优惠的价格提供给市民和游客优质的旅游产品。旅游盲盒包含度假、玩乐、亲子、美食、浪漫、夜游 6 大主题、12 种不同产品组合进行线上促销，价格从 9 元到 1699 元不等，每种盲盒内有 3 ~ 6 种旅游产品，市民购买后随机抽中其中一种产品。9 月 19 日直播开始到 9 月 30 日，"深圳旅游盲盒"销量合计 565 单。

"深圳十二时辰"大型文体旅宣传推广活动的成功"出圈"，是向全国人民发出了一份"与深圳来一场极致之约"的特别邀请，激发了人民的出行热情，在无数观众心里"种草"深圳，让深圳重回到受欢迎的旅游目的地行列。

践行以人民为中心的发展理念，这不仅仅是一句口号，还要落在城市建设的每个细节里，《这就出发》第三季"深圳十二时辰"24 小时全媒体大直播文体旅宣传推广活动就是围绕"创新"主题，全天、全域、全景、全网深度挖掘、生动展现、

深圳夜景

互动体验深圳的山海资源、文旅产品、特色美食、艺术产业、文体设施，将深圳近几年抢抓"双区"建设机遇，以现代化理念和绣花功夫建设管理城市，补齐民生短板，提升文化事业、文化产业发展水平所取得的成绩，生动、立体、全方位地呈现给世人，让深圳市民、游客跟着镜头通过24小时全媒体大直播一同感受深圳旅游的创新之美，感受深圳充满创新力、活力、魅力的旅游发展态势。

专家点评

　　"深圳十二时辰"24小时全媒体大直播文体旅宣传推广活动围绕"创新"主题，全天、全域、全景、全网深度展现深圳的山海资源、文旅产品、特色美食、艺术产业、文体设施等，将深圳的城市建设与管理品质特别是公共文化服务、文化事业和和文化产业发展的成绩，以可互动的方式原汁原味地呈现出来，让市民和外地游客能够通过直播镜头感受到深圳创新活力和文旅之美。整个活动利用线上演播和全媒体联动，生产出诸多线上体验式城市新场景，成功展示和提升了深圳的城市的魅力和品牌形象，收获了良好的经济与社会效益。作为一种互动式、沉浸式、整合式的文旅营销推广手段探索和尝试，具有宝贵的创新示范价值。

潮州倾力打造短剧精品《韩愈来了》

——广东省潮州市文化广电旅游体育局

一、实施背景

潮州古城至今有 1600 多年历史，是历代州府之治所，素有"岭海名邦""海滨邹鲁"的美誉，被专家学者称为"中原古典文化橱窗"。潮州历史悠久，文化底蕴深厚，城市印记突出。拥有"国家历史文化名城""中国瓷都""中国食品名城""中国优秀旅游城市""中国著名侨乡""国家园林城市""中国婚纱礼服名城""中国潮州菜之乡"等 36 项城市殊荣，是全国首座"中国工艺美术之都"、全国唯一一个"中国民间工艺传承之都"。

2020 年 10 月 12 日，习近平总书记在潮州考察了广济桥、广济楼、牌坊街，察看文物修复保护、非遗文化传承、文旅资源开发等情况。习近平总书记指出，潮州是一座有着悠久历史的文化名城，潮州文化是岭南文化的重要组成部分，是中华文化的重要支脉。潮绣、潮瓷、潮雕、潮塑、潮剧以及工夫茶、潮州菜等都是中华文化的瑰宝，弥足珍贵，实属难得。我们爱这个城市，就要呵护好她、建设好她。习近平总书记的赞许对传承千年的潮州文化弥足珍贵，也让潮州这座城市再次焕发出耀眼的光芒。

为进一步宣传潮州的城市形象、打造历史文化品牌，带动潮州文化旅游资源的开发利用，促进潮州的文旅市场经济发展，践行习近平总书记"把潮州建设得更加

系列短剧《韩愈来了》

美丽"的殷殷嘱托，潮州市文化广电旅游体育局和广东广播电视台广播融媒中心联合出品十集融媒体短剧《韩愈来了》。该剧通过短视频的形式，给潮州的宣传带来了持续性的热度，将潮州历史悠久、儒雅精致、包容开放、敢为人先、独具特色的人文气质展示给国内外公众。

二、具体做法

（一）精心策划，构思巧妙

坚持以文化为引领，以增强"文化自信"为宗旨，将"宣传潮州文化，打造潮州城市名片"作为短剧《韩愈来了》主题，充分呈现潮州市近年来社会经济发展面貌的变化，以及在非遗传承发展和文物遗产活化利用方面取得的成绩。一是场景选取代表性强。选取鳄渡秋风亭、潮剧院、康慧芳大师工作室、牌坊街、已略黄公祠、开元寺、广济桥、韩愈纪念馆等潮州代表性的文化景点为主场景，将发生在千年古城潮州的一系列故事，通过摄像机的镜头，用短视频这个当下人们接受信息最快捷的方式记录潮州的历史风采。二是人物选取家喻户晓。将短剧叙事聚焦在韩愈——这位在潮州百姓心目中无可替代的历史人物身上。韩愈曾被贬为潮州刺史，

潮州大桥

在潮任职不足八个月，兴学堂、驱鳄鱼，释奴隶，兴水利，政绩斐然。在他的主持下，创办了大批学堂，倡导文化教育，让潮州从一个蛮荒之地变成唐王朝东南沿海的礼仪之乡。三是短剧创作构思巧妙。故事讲述韩愈贬任潮州刺史期间，梦中到了现代的潮州，因为其独特的气质、卓越的才华和直言不讳的性格，意外闯入网络直播成为"网红"并受到热捧，带火了潮州的传统文化和特色美食，让千年古城潮州"潮"了起来。观众随着一梦越千年的韩愈，游韩江，观潮剧，赏潮雕，食潮味；在全知视角中，轻松愉悦、身临其境般地感受新与旧的碰撞、古与今的交融，兼备了观赏性、娱乐性与思考性。

（二）制作精良，精益求精

一是编剧精益求精。《韩愈来了》从概念构思到落地拍摄，始终坚持以细求实、以实求精的创作原则，编剧力求精益求精。故事借潮州历史文化名人韩愈穿越到现代的经历，以韩愈的视角宣传潮州的文化遗产、传承发展和现代风貌。潮州市文化广电旅游体育局及短剧创作团队对"韩愈来了"短视频脚本加班加点全力创作，反复较对修改，脚本12次易稿才得以定稿，实现了真正精彩的以精创赢的转化。二是主演好中选优。该剧第一男主角韩愈，由国家一级演员、火箭军电视艺术中心副

潮州广济桥

鳄渡秋风亭

主任、广州市电影家协会副主席孙洪涛饰演。三是拍摄过程不遗余力。为了将文化细节讲好，特邀传统文化研究专家王发志担任顾问，邀请"首届中国戏剧文化奖"获得者——潮剧《韩愈治潮》的原班人马出演，聘请业内高水准音乐制作人进行编曲。为了更好展示潮绣典雅、高贵、独特的魅力，还专门联系到国家非遗传承人康惠芳大师，在其工作室进行拍摄，而剧中展示的"潮绣嫁衣"则是价值连城的潮艺术品绣。

（三）全媒发布，传播力强

潮州市文化广电旅游体育局和广东广播电视台广播融媒中心联合在全网数 10 个主流媒体平台同步推出《韩愈来了》，上线平台有广东广播电视台网络新闻客户端 App "触电新闻"、广东广播电视台网络视听 App "粤听"、广东广播电视台官方认证微信视频号 "686 微剧场"、广东广播电视台官方认证抖音视频号 "686 微剧场"、哔哩哔哩、西瓜视频以及优酷、爱奇艺等网络视频平台，形成全媒体播出态势。

三、主要成效

（一）宣传迎合年轻人口味，发挥方向导引作用

《韩愈来了》短剧无论是在乡村振兴、非遗传承的成果展示，还是挖掘城市

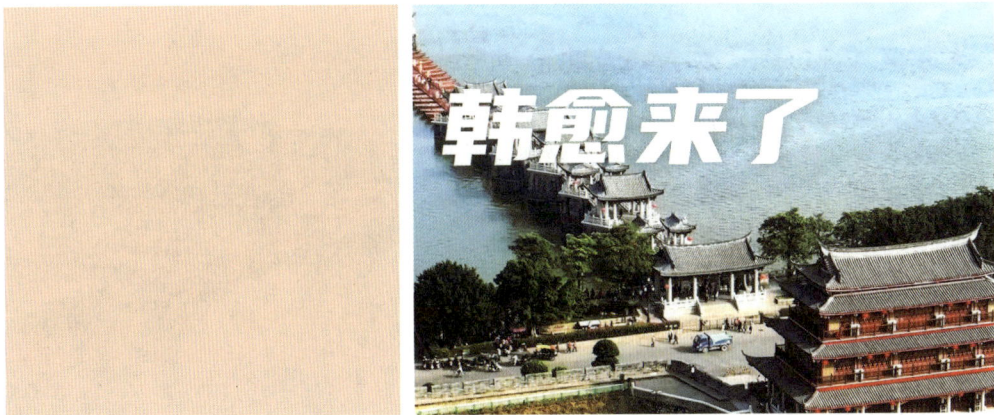

文化的内涵方面，都时刻关注年轻一代特别是九五后的思考方式。在短剧中融入RAP、街舞、直播等时代新韵律，让潮州千年古城华丽变身，走入年轻人的视野。《韩愈来了》心怀时代，主动将视野提到新的高度。

（二）全网全媒体播出，宣传力度强

截至 2021 年 11 月 9 日，《韩愈来了》10 集融媒体短剧已全部推出，一播出即获得高度的关注。在官方抖音账号"686 微剧场"中观看量已达 128 万人次，点赞量达 5.4 万+；广东广播电视台网络新闻客户端"触电新闻"总观看量达 88 万+；官方微信视频号"686 微剧场"观看量为 50 万+，点赞量达 6 万+，转发上万次。同时，《韩愈来了》还上线了中央广播电视总台的唯一官方媒体平台"央视频"，广东广播电视台的移动频道 IPTV（覆盖 1932 万公交移动用户），《韩愈来了》全网融媒传播量超千万次。

（三）传统与潮流创新融合，好评如潮引发热议

《韩愈来了》短视频充满了文化气质，它给网络短视频创作提供了一个新思路。它把传统文化、非物质文化遗产、美好的事物用短视频的语言节奏表出来，实现了传统与潮流的创新融合，把融角伸到不同的角度看今日的潮州，展现潮州的城市变迁与文化特质。《韩愈来了》上线不足一月，好评如潮，业内人士珠江电影制片厂资深影评人祁海给出了高度评价，称其"构思奇巧，有新意"；观众们更是纷纷喊

潮州广济桥

话"不过瘾，求加快更新"。同时，多个民间自媒体账号自发转载话题#韩愈来了#，引发热议；更有《人民日报》、南方＋、学习强国、广电视界等多个主流媒体发文盛赞该剧。

专家点评

　　作为岭南文化的重要组成部分，包括潮绣、潮瓷、潮雕、潮塑、潮剧以及工夫茶、潮州菜在内的潮州文化，如何紧跟时代的大潮，用时尚的"潮"语言做好宣传推广？潮州市文化广电旅游体育局的系列短剧《韩愈来了》，用小视角讲大故事，用时尚语言讲古代名人，通过名人牌嫁接串联潮州的标志性旅游景点、鲜活的生活方式、经典的非遗文化，让家喻户晓的唐宋八大家之一的大文豪韩愈，借助年轻人喜闻乐见的短视频"潮"语言，走进了大众视野，对文旅融合下的多元潮州要素，进行了有效的宣传推广，获得了市场的关注和认可。本案例也为短视频时代在宣传推广中用好经典的"名人牌"，做了时尚的创新和示范。

"遇见'心'的广西" 创意营销活动

——广西壮族自治区文化和旅游厅

一、导语

在新冠肺炎疫情防控常态化情形下，广西文化旅游产业同全国各地一样经历着投资压缩、消费抑制、线下旅游活动时断时续等多重挑战。基于2021年文化和旅游部推进纾困政策落实和广西壮族自治区党委政府关于多措并举推动文化旅游业复苏的相关要求，创新开展目的地营销活动，传递旅游目的地营销的品牌话语力量有助于拉近与目标客源市场的空间距离、文化距离和心理距离，保持市场热度，释放消费潜力。"遇见'心'的广西"创意营销活动，是基于"秀甲天下　壮美广西"文化旅游大品牌打造的目的地创新营销案例。

活动邀请广西文化旅游形象大使，广西籍演员王鸥拍摄《遇见"心"的广西》文旅宣传片并全方位立体地开展延长宣传，通过走心的内容释放受众共同情感，联通明星私域流量，带动新媒体话题讨论，进而由终端消费者自觉发起传播。本次创意营销活动通过爆款视频和延展应用，提炼高品质的文化旅游营销热点和内容，讲好广西故事，助推"秀甲天下　壮美广西"文旅大品牌打造。

二、活动创新亮点

本次营销活动重点在内容策划、渠道应用、场景组合等方面都做了大胆的创新，具体做法总结如下：

（一）品牌创意策划，推陈出"心"

"遇见'心'的广西"创意营销活动的构思，源于对广西文化旅游传统宣传营销方式过度依托山水美景，走心共情的创新力度不足的反思和改进。广西文化和旅游厅希望在新冠肺炎防控常态化背景下，通过一条视频的创作和传播、延展应用，与游客说心里话，拉近与全国游客的文化距离和心理距离。

通过聘请广西籍演员王鸥作为广西文化旅游形象大使，借助明星的流量和号召力，以"名人效应＋乡愁情感＋文化旅游＋渠道推广"的整合营销推广形式，让广西文旅品牌形象"立"起来，推出全新广西文化旅游宣传片《遇见"心"的广西》。宣传片围绕广西文化旅游的形象展开，通过广西文化旅游形象大使王鸥的视角，将王鸥的邻家女孩气质与广西文化旅游的资源相融，串联起广西桂林山水、浪漫北部湾、壮美边关、长寿广西、壮族三月三、刘三姐文化等品牌符号，全片朴实生

动，游子归乡感情真挚，别出心裁地为大家展现五"心"——"万水千山 一见倾心""古韵今风 不改初心""踏歌寻梦 赤子归心""山海盛宴 桂味本心""千年传承 独具匠心"，从入眼到入心，通过直观、美观、有层次的镜头语言呈现如画卷般的广西之美。

这是一次以目的地营销为主要内容的创新营销尝试，有效提升了广西旅游的独特性和文化魅力，开启了广西文化旅游创新营销新模式。

（二）新媒体阵矩，扣人"心"弦

"遇见'心'的广西"相关内容进行多维度、全矩阵宣传造势。联合全国及当地重点媒体等100余家进行宣传报道，媒体类型涵盖电视台、纸媒、网站及抖音、微博、微信等社交媒体，吸纳全社会、全网资源，依托旅游达人、知名作家、知名摄影师、视频创作者、网络红人等共同推广，霸屏广西、山东、海南、湖北、天津、黑龙江等22省新媒体平台。

霸屏20多省(区、市)主流新媒体

微博大V"联动"发布

广西文化旅游宣传片《遇见"心"的广西》一经发布，便引发强势关注及转发，1小时火爆朋友圈，截至目前，广西文化和旅游厅视频号播放量超1200万，网友自发点赞、转发突破53万，官博阅读量突破952万。广西文化和旅游厅积极利用 Facebook、Youtube 等境外社交媒体平台发布中、英、俄、日、韩5国语言版本

的《遇见"心"的广西》文旅宣传片，受到境外网友的关注。官方微博发起的＃和王鸥一起遇见心的广西＃话题，12小时便冲上新浪微博热搜榜24位，截至目前相关微博话题阅读量达2亿＋。

《遇见"心"的广西》文旅宣传片的出圈，＃和王鸥一起遇见心的广西＃话题的火爆及其相关内容的出彩，吸引了广大游客为了宣传片中美景、美俗、美物前来打卡旅游，或为广西成为下一站旅游目的地成功"种草"。

（三）全方位立体延展应用，别出"心"裁

通过整合线上线下媒体资源，以及高铁、航空公司、旅行社、旅游景区、酒店民宿、旅游协会及各类旅游团体资源，优化联动，共同推动广西文化旅游品牌形象的打造。

在线上，推出"王鸥宠粉旅行计划"，配合每个季度推出的特色旅游线路，如壮族三月三节庆狂欢线路、滨海度假线路、休闲养生线路，避寒暖心线路等精品线路，与旅行社、航空公司或酒店民宿合作，推出免费机票、民宿及免费旅游名额，充分发挥"名人效应"邀请粉丝到广西旅游，用丰富的奖励吸引粉丝参与活动。

在机场、火车站、地铁、市区核心商圈等站台媒体广告画面投放《遇见"心"的广西》主题系列海报宣传，并制作《遇见"心"的广西》宣传品，包括王鸥的山水明信片、山水日历、王鸥的旅行札记、遇见"心"的广西山水画册等周边产品，

南宁地铁五号线"遇见'心'的广西"创意营销活动相关海报

山水台历

《遇见"心"的广西》
山水画册

王鸥的旅游札记

山水明信片

提取广西最具代表的图片符号，全面、精练地呈现广西的自然环境、人文历史和文旅产业发展风貌，展示广西深厚的历史底蕴和丰厚的文化积淀。

此外，广西文化旅游形象大使王鸥为广西重要的节庆活动、重大文化旅游活动录制 VCR 短视频，包括"壮族三月三""广西人游广西""冬游广西""广西有戏"等，并出席推介会等相关公关活动，引爆活动关注度，持续不断为广西文化旅游

代言发声。

三、活动主要成效

本次营销系列活动的成效显著，通过用"心"营销有效地释放了文化旅游市场消费潜力，促进广西文旅市场恢复居全国前列。2021 年全区共接待国内游客 7.98 亿人次，同比增长 20.8%（恢复到 2019 年同期的 91.8%）；实现国内旅游消费 9062.99 亿元，同比增长 24.8%（恢复到 2019 年同期的 90.6%），排名全国前列。"遇见'心'的广西"线上线下创意营销活动也极大地助力了广西新媒体发展，其综合传播力指数 2021 年排名全国第五。

（一）助力"冬游广西"，促进广西文旅市场复苏

《遇见"心"的广西》宣传片发布后，广西文化和旅游厅及时组织平台优质达人前往宣传片中的拍摄地，拍摄"王鸥同款"视频，通过达人视角展现"冬游广西"的独特魅力，以达人的私域流量覆盖范围提升网友对"冬游广西"目的地的向往，召集粉丝打卡王鸥同款旅游线路，让"跟着王鸥游广西"成为大众喜爱的一种旅游方式。受疫情影响，文化和旅游市场的真正回暖仍需时日，但《遇见"心"的广西》的火爆"出圈"，提升了"秀甲天下　壮美广西"文旅品牌的知名度和美誉度，"冬游广西"主题活动也成为文旅业界的热议话题，吸引了更多游客在冬季走进广西，助力了广西文化旅游市场的快速复苏，取得了较好的经济效益和社会效益。

（二）乡村旅游吸睛，广西民族文化出圈

广西文化旅游宣传片《遇见"心"的广西》爆火"出圈"，片中如诗如画的自然风光、绚烂多彩的民族风情、古老灿烂的历史文化深深吸引了广大群众，侗族大歌的声声悦耳，瑶族长鼓舞的热闹欢腾，弹奏天琴的美丽黑衣壮姑娘，洋溢着温暖笑容的村村寨寨……广西的民族风情之美和魅力十足的乡村收获大众的好评和转发、点赞，让广西成为网友们心中向往的旅游目的地，助力少数民族文化和乡村旅

游精彩"出圈",拉动了广西乡村民宿、酒店、乡村旅游服务业态的全面开花。

（三）广西旅游形象美名远播，世界级旅游目的地辨识度提升

广西区位优势独特、生态环境优良、人文资源丰富。2021 年 4 月，习近平总书记到广西桂林考察时强调，"要坚持以人民为中心，以文塑旅、以旅彰文，提升格调品位，努力创造宜业、宜居、宜乐、宜游的良好环境，打造世界级旅游城市"。明确了建设桂林世界级旅游城市的新目标，赋予广西文化旅游发展更大使命。自治区文化和旅游厅积极贯彻落实习近平总书记视察广西时对广西文化和旅游工作重要讲话和指示精神，深入打造"秀甲天下　壮美广西"文化旅游大品牌。创新开展"遇见'心'的广西"创意营销活动，挖掘了广西厚重的历史文化资源，凝练了区内文旅精品线路，展现了广西得天独厚的自然资源和灿烂多元的民俗文化，促成了一次互联网的有效传播和延展发酵。桂林山水、壮美边关、浪漫北部湾、长寿广西、刘三姐文化、壮族三月三等元素和标签越来越鲜活，得到了国内外网友的深度认可和广泛关注。

专家点评

广西文化和旅游厅新媒体平台正式发布《遇见"心"的广西》文化旅游宣传片，并在全网推出"和王鸥一起遇见'心'的广西"IP，展现出不一样的壮美广西。宣传片一经发布，便引发强势关注及转发，各种相关话题讨论开始冲上热搜、火遍全网。广西文化和旅游厅积极甚至利用 Facebook、Youtube 等境外社交媒体平台发布中、英、俄、日、韩 5 国语言版本的《遇见"心"的广西》文旅宣传片，将遇见"心"的广西故事传播到海外，受到境外网友的关注和好评。此外，对《遇见"心"的广西》进行全方位立体延展应用，有效深化了广西"秀甲天下、壮美广西"的目的地形象。更为难能可贵的是，线上线下相结合地系列化用"心"营销，极大释放出文化旅游市场消费潜力，促进广西文旅市场恢复居全国前列。

海南"我和春天的约'惠'"旅游推广活动

——海南省旅游和文化广电体育厅

　　海南健康游·欢乐购——"我和春天的约'惠'",是海南省旅游和文化广电体育厅打造的文旅品牌产品。"十四五"期间,海南省立足海南自由贸易港建设,打造国际知名度假天堂、康养天堂、购物天堂和会展高地。为更好地丰富和活跃海南春季旅游市场,推动海南旅游业高质量发展,针对海南省旅游业良好的发展形势,海南省旅游和文化广电体育厅围绕海洋旅游、购物旅游、康养旅游、婚庆旅游、会奖旅游、美食旅游六大业态,于 2021 年 3 月 11 日推出了海南健康游·欢乐购——

主题海报

主题海报

"我和春天的约'惠'"主题推广活动。通过资源募集，引入对应主题下的优质合作企业伙伴共同参与，配合线上线下的营销事件、主题活动，借助图文、短视频、直播等媒体包装宣传，整合各方面优质资源，面向节后错峰出游人群开展联合推广营销活动，进一步提升海南旅游形象，吸引游客来琼旅游消费，填补春节后淡季市场空缺，为海南旅游文化产业创收增效。统计数据显示，2021 年 1～6 月，海南接待国内来琼游客总人数 4311.09 万人次，比 2020 年增长 120.5%，同比疫情前 2019 年增长 17.73%。旅游总收入 819.78 亿元，比 2020 年增长达 266.7%，比疫情前 2019年增长 77.1%，经济效益显著提升，超过疫情前水平。可以看出海南省文旅厅在2021 年上半年通过海南健康游·欢乐购——"我和春天的约'惠'"等多种方式促进旅游消费的作用发挥明显。

一、具体做法

（一）新媒体推广，共同发现海南春季之美

在海南健康游·欢乐购——"我和春天的约'惠'"联合推广活动中，海南省

主题海报

旅文厅联合腾讯、抖音、快手、B站等新媒体开展全平台推广，让更多网友和游客发现海南春季之美。腾讯通过开启"春季GO想"数字化整合营销，以"智游海南"平台运营推广为抓手，盘点海南春季出游亮点和优质旅文产品，通过多渠道的流量宣传矩阵，助力主题营销内容精准触达，形成更立体化的整合营销传播；今日头条、抖音App则发起"约'惠'春天·'星'遇海南打卡季"专项宣传推广活动，借助在海南取景拍摄影视剧产生的热播效应，通过头条话题、抖音话题、视频内容创作等方式，将影视剧取景地和周边旅游资源打造成为影视剧粉丝热衷的网红"打卡"地；快手以"种草"短视频介绍海南滨海公路、低空飞行等新旅游新特色，同时制作创意短视频《996出游指南》，展示海南度假之旅的悠闲与惬意；B站推出以"新女性心成长——和海南有个约'惠'"主题活动，选择新家庭女性用户高关注的8名不同类型KOL拍摄海南旅游推广视频，吸引游客复游海南。

（二）OTA发力，推出特色旅游线路产品

海南省文旅厅联合携程、美团、飞猪、去哪儿、马蜂窝等OTA平台共同发现海南新玩法、推出旅游新产品，吸引游客来琼旅游消费。携程围绕春季海南特色康养

133

旅游资源，打造 10 条康养主题线路产品，发放主题线路优惠补贴，并整合海南酒店、景区、免税店等产品，打造"暖阳碧海'颐'享健康"优惠促销专区；美团通过举办一系列美食相关的线上线下活动，联动美食商家品牌，在线上推荐岛民必吃店，发布品质美食榜单并进行线下美食"打卡"，吸引异地消费者来海南进行美食之旅飞猪则围绕"城市调色计划""旅行直播日""旅行产品优惠券"三大手段推广"海洋旅行、康养旅行、美食旅行、婚庆旅拍"四大玩法；"去哪儿"精准聚焦 年轻化消费人群，打造海南旅游目的地网红"打卡"点，为网友"种草"海南小众热门景区；马蜂窝组建海南文旅"蜂玩 创享团"，提炼、放大海南最具特色的景点或旅游体验，为网友呈现不一样的海南；途牛围绕海洋旅游、购物旅游、康养旅游、美食旅游 4 个主题定制上线高品质牛人专线新品，同步优化经典人气产品，推动海南旅游市场的错峰出游。

（三）跨行业联动促销让利

海南航空推出海南区域航线机票秒杀、三亚星级酒店机加酒产品超值购、海南

新媒体营销海报

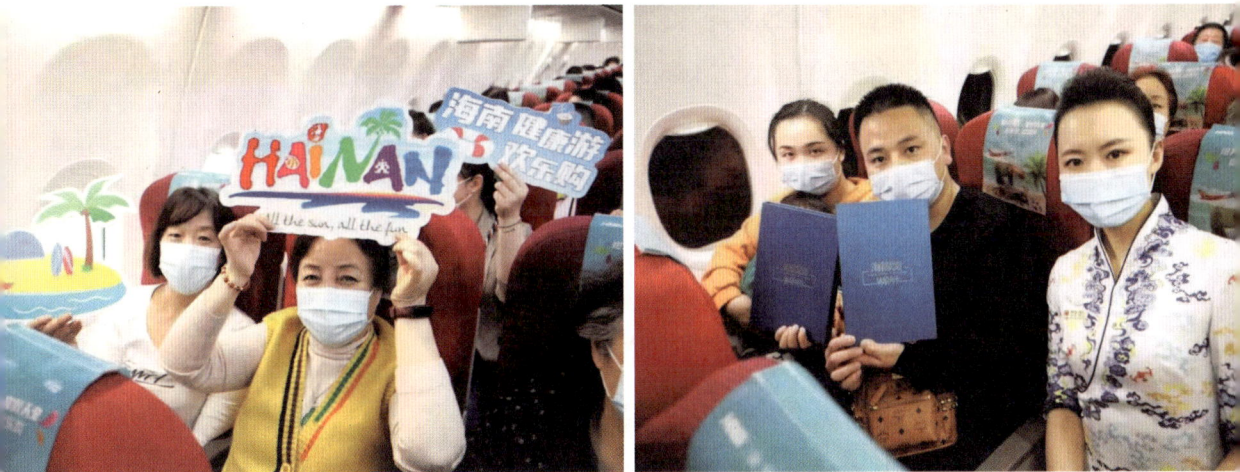

"独家"航班，坐飞机抽大奖

免税购物代金券、海南进出港航线商务套票大促、海南区域淡季航线促销等诸多优惠活动，引导用户主动"打卡"目的地；中国银行在海南全域推出免税、餐饮、商超、酒店、景点门票等领域的信用卡消费满减优惠活动，覆盖"衣食住游购娱"各方面，并打造"惠聚海南"信用卡优惠专区，提供旅游景点、美食住宿等优惠内容；光大银行则开展免税购物立减、全岛 150 家星级酒店消费立减、景点门票立减等满额立减优惠活动。

二、主要成效

（一）多渠道推广促进旅游消费，助力旅游经济复苏

联合推广活动在策划前期就广泛发动全省各市县文旅局、相关涉旅行业协会及媒体、OTA 平台、旅行社、景区、酒店、五大免税集团、航空公司、各大银行和机场、码头等，各市县、协会及相关涉旅企业围绕"春天的约'惠'"主题，分别针对各自特色和资源进行相应的活动策划，最终形成了全省上下一盘棋的统一联合营销推广态势。活动导流效果显著，总曝光量超过 5 亿，吸引了大批游客来琼旅游消费，带旺了海南节后旅游消费市场。据统计，2021 年第二季度，海南接待国内游客总人数 2023.95 万人次，同比增长 82.4%，较 2019 年同期增长 28.0%；国内旅游收

135

入 396.66 亿元，同比增长 229.8%，较 2019 年同期增长 121.7%；创下了近三年同期新高。3 月海南接待国内游客达 724.86 万人次，较未受疫情影响的 2019 年同比增长 15.9%，4 月海南接待国内游客达 715.53 万人次，较 2019 年同比增长 31.7%。在进入了海南旅游传统意义上的淡季后，在联合推广活动的助力下，海南的旅游市场呈现出了"淡季不淡"的火热态势，旅游经济呈现稳步复苏态势。

（二）全媒体宣传矩阵持续赋能文旅融合

为了创造新颖、有爆点、可传播性强的活动宣传内容，以内容带动游客出行和消费，主办方通过直播、短视频、种草、话题讨论、客户端等新媒体传播方式，以及报纸、广播、电视等传统媒体，多渠道、全方位开展宣传工作，打造多维宣传推广矩阵，进一步扩大活动的影响力。同时，还联合各大 OTA 平台开展宣传，利用各平台站内资源及采买的第三方资源，如自身平台、线上媒体矩阵、微信朋友圈和公众号等多个平台进行全方位广告投放，并针对精准定位高端会员客群进行点对点广告推送，提高海南健康游。欢乐购——我和春天的约"惠"旅游产品曝光度，全面引爆海南旅游的热度。活动开展期间，微信朋友圈广告曝光量达 50.9366 万人次。海南航空主题活动宣传曝光近 500 万，落地页面曝光量 100 万，浏览人数 30000 人

主题海报

次。携程平台曝光超 1230 万人次。美团平台围观量为 153.4 万次。抖音平台携手美食达人打卡多处海口本地特色小吃，获得超过 670 万的热度。飞猪 / 支付宝累计触达目的地意向人群超 2600 万人，同时超 20 万人在飞猪直播围观海南旅行直播日，微博互动话题累计阅读超 3.3 亿次、讨论超 5.3 万次。去哪儿网盲盒抽奖活动超 15 万用户转发助力参与，曝光量超过 2000 万，浏览量超过 500 万人次。马蜂窝推出的主题活动直接影响超 20 万人的阅读，曝光高达 400 多万。途牛打造的一系列活动共计带来 1.2 亿曝光量。腾讯在活动期间线路 H5 朋友圈实现 500 万曝光，旅游线路页面浏览量超过 10 万，产品总销量达到 100 万。抖音等活动推广平台，活动总体曝光量高达 3.2 亿次，参与视频 5.3 万个。快手平台共发布 25 条以"在海南拍大片""趣看海南"等系列种草内容助推话题 #我和春天的约"惠"# 的活动，总播放量为 548.6 万次；B 站围绕海南创作并发布了 3 条原创视频和 15 条图文动态，总曝光浏览量达 43.0280 万。

专家点评

一年之计在于春，但春天却是包括海南在内的不少目的地的营销洼地。此次海南因"季"制宜，通过多渠道共同发掘春季之美；因平台而异，结合各平台用户受众特征，制定大主题下的不同细分战略和营销方式。在为期 3 个月的"我和春天的约'惠'"活动中，通过研发特色线路、消费补贴，启动美食榜单、推荐打卡，发布多元玩法，种草热门景点……实现了海南旅游目的地的春季整合营销目标。在多渠道、多元化宣传推广方式下，航司、银行等优惠赋能，全媒体围绕主题持续宣传，海南旅游市场得到了引燃，客源市场发现了海南之美，海南目的地也享受到了游客到访带来的产业提振之利。

2021 年（第二十二届）海南国际旅游岛欢乐节

——文化和旅游部、海南省人民政府

2021 年（第二十二届）海南国际旅游岛欢乐节（以下简称欢乐节）于 2021 年 12 月 10 日至 31 日在海南省顺利举办。本届欢乐节由文化和旅游部与海南省人民政府共同主办，以"提高旅文结合度、提高国际化水平、提高民众参与度、提高市场影响力"为目标，创新形式办节、统一高效宣传，充分展示了海南独具特色的旅游文化资源，突出"欢乐节+科技""欢乐节+金融""欢乐节+时尚"等多种元素融合，全面展现了海南旅游文化的新时尚、新魅力，丰富了市民游客个性化、多样

欢乐节现场

化、品质化的文化旅游需求，得到了社会各界的一致好评。

一、具体做法

（一）坚持部省合办提升欢乐节影响力

海南国际旅游岛欢乐节是持续举办了二十一年的节庆活动品牌，其前身是海南国际椰子节（以下简称椰子节）。椰子节于 1992 年首次举办，2000 年改名为"海南岛欢乐节"，首届中国海南岛欢乐节由国家旅游局和海南省人民政府共同主办。2013 年国家清理节庆活动，未将欢乐节列入省级节庆活动清单，之后，国家旅游局退出共同主办欢乐节。2015 年，第十六届欢乐节正式更名为海南国际旅游岛欢乐节，之后海南省一直致力于把欢乐节上升为省级文化旅游节庆活动，但囿于国家对节庆活动数量的限制，一直未获批准。2019 年，在不突破活动数量的前提下，我省邀请文化和旅游部与省人民政府共同主办欢乐节，并报请全国清理和规范庆典研讨会论坛活动工作领导小组将原属省级节庆活动的海南省艺术节变更为海南国际旅游岛欢乐节，欢乐节由此再次成为省级节庆活动。至今，部省合办海南国际旅游岛欢乐节已持续三届。

欢乐节现场

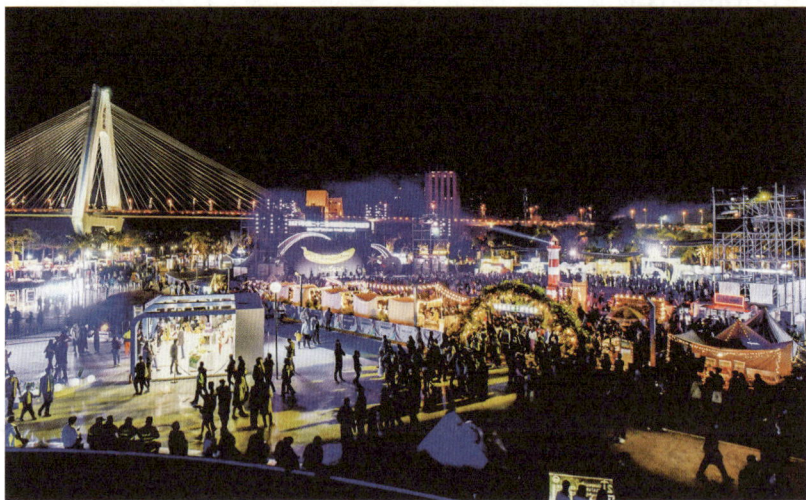

欢乐节现场

（二）创新创意贴近市场

本届欢乐节立足海南自由贸易港开放政策优势，深度挖掘欢乐元素，致力于打造一个开放的、智慧的、融合的节庆活动，通过"欢乐节＋科技"，全域联动，融媒联动，实现疫情防控保障，线上线下同步推送，让更多人得以便捷参与；"欢乐节＋金融"，跨行业联动，拉动旅游市场，带动消费；"欢乐节＋时尚"，放大"欢乐节"大 IP 效应，锁定不同目标群体，重点推出"椰岛欢乐嘉年华"，加速推动欢乐节子 IP 群的形成。同时，围绕让欢乐节更加贴近游客、贴近市场的目标，本届欢乐节在充分总结以往办节经验的基础上进行了大胆的创新，如首次面向社会征集欢乐节好创意、首次推出欢乐节倒计时活动、首次举办更具参与性与互动性的椰岛欢乐嘉年华、首次推出欢乐节定制产品"欢乐雪糕""微笑口罩""欢乐盲盒"等，首次在全岛推出 9 个欢乐驿站将欢乐提前送给市民游客……本届欢乐节推出的众多：不但给欢乐节增添了更多欢乐和乐趣，也让欢乐节更具互动性与参与性，更加贴近市民游客，让他们通过更多方式，感受和体验一个与众不同的欢乐节。

（三）全方位多维度宣传放大欢乐节传播力

本届欢乐节推出了欢乐节 LOGO、吉祥物、口号、VI 视觉识别系统使用等，组委会鼓励、倡导市县政府和旅游企业在欢乐节期间积极使用欢乐节视觉识别元素，多形式参与欢乐节品牌文化氛围营造，达到处处可见欢乐节标识的宣传效果。同时，秉着"小现场　大媒体"的传播理念，本届欢乐节搭建了统一的融媒体传播平台，全面梳理融合欢乐节官方渠道、媒体资源及社交平台、OTA、户外宣传及各大相关企业自家传播平台等相关资源和推广渠道。在统一的融媒体平台上，按照统一的工作流程，实现了在传统媒体、新媒体、社交媒体、户外宣传平台、OTA 平台以及岛内各大酒店、景区、免税店、航企和银行等自有宣传渠道进行活动的全过程、全媒体、全渠道、立体式的宣传推广，有效放大了欢乐节的整体传播力。同时，这种模式提高了欢乐节活动的传播效率和资源使用率，减少活动主办方宣传推广开支，让活动主办方把更多的人力、物力、财力用于办好活动、打造精品。据监测数据显示，2021 年 11 月 26 日至 2022 年 1 月 5 日 14 时，网络中与"海南国际旅游岛欢乐节开幕"关联的信息共计 23459 条。本届欢乐节受到了海南本地媒体、中央及全国性热门门户网站的关注、报道、转载。

二、主要成效

（一）助推海南旅游和文体在更宽领域、更深层次，以更高水准实现融合发展

本届欢乐节充分总结以往办节经验，对开幕式系列活动进行了大胆创新，各主、分会场除了延续往届经典活动之外，还举办开幕式椰岛欢乐嘉年华活动，其中

"梦回海丝·乐裳海南"国风汉服主题活动、"海南献给世界的礼物"文创市集、海南厨房·椰子野营集市、"弄潮海南"欢乐节自贸港互动展、"光影自贸　点亮海南"滨海光影秀、高校足球联谊赛等十六项旅游文化体育活动，让欢乐节更加贴近群众生活，市民游客纷纷参与其中，解锁欢乐节的 N 种新玩法。本届欢乐节各主、分会场还开展了如海南世界休闲旅游博览会、海南国际旅游美食博览会、海南国际旅游装备博览会、中国东盟大学生文化周、海南岛（国际）婚庆旅游博览会、海南（儋州）雪茄文化旅游节、博鳌旅游传播论坛、越山向海人车接力海南年终巅峰赛、文昌滨海露营节等活动，推动旅游、文化、体育以更高水准实现融合发展。

（二）展示浓郁传统文化艺术特色，传承海南本土民俗文化

欢乐节期间，各主分会场开展了一系列精彩纷呈的文化艺术、特色展览、演艺等活动，如《欢乐海南·筑梦青春》演出、海南锦·绣世界文化周预热活动、2021年海南省艺术节、艺术演艺周暨"趣海口"演艺季、长乐未央——大唐长安文物展、琼剧惠民演艺季、原创广场舞展演，走进万家文艺小分队基层演出活动等各具特色的文化艺术活动，向市民游客展示海南黎锦文化、海南琼剧、海南"非遗"文化的特色与魅力，增强市民游客的文旅体验同时，展现出海南的文化自信，积极推动了文化和旅游产业融合发展。

（三）拓展新的旅游消费热点，拉动旅游消费增长

本届欢乐节创新推出的椰岛欢乐嘉年华活动连续三晚在世纪公园举办，先后吸引了近 7 万人参与，线上抢票环节一票难求，入驻的特色椰味惠民美食等旅游商品总销售额超 350 万元，网上直播海南旅游产品销售额达 1753 万元，全场赠送各类小礼品超 15 万份。活动开幕后一直是抖音同城热搜第一，关注量达 630 余万人次。本届欢乐节"以节带展、以展促节"，休闲旅游博览会、美食博览会、旅游装备博览会于 2021 年 12 月 9~12 日在海南国际会议展览中心成功举办，共 10 余个国家和地区、20 多个省市以及上千家国内外协会、企业参展，举办百余场配套活动，成果丰硕。休博会观展人数达 8 万人次，共达成合作意向金额约 1.2 亿元，旅游产品销

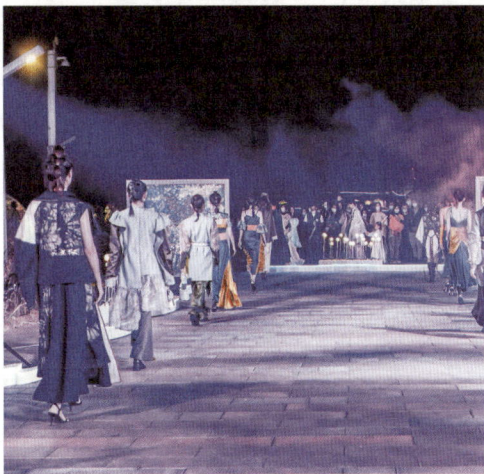

欢乐节现场

售额共 3600 万元；美食博览会观展人数 18.3 万人次，总交易额达 3.64 亿元，其中现场交易额约 7500 万元，签约额 2.89 亿元；旅游装备展观展人数达 6 万人次，20 余万人次在线观看逛展直播，展会现场成交 2532 万，意向成交额 2.3 亿元。欢乐节的举办既拓宽了文旅产品销路，也为进一步为助力国际旅游消费中心和海南自贸港建设献出力量。

（四）拥抱新科技，探索在线旅游新模式、新体验

本届欢乐节充分利用"互联网＋旅游"技术平台，推出了一系列以节惠民举措。如在海南各大商圈、景区设置欢乐驿站，市民游客可通过沉浸式快闪了解欢乐节资讯、观看欢乐节相关视频，免费领取微笑口罩、微笑拍照打印、欢乐节雪糕、椰椰

摇饮品等。本届欢乐节还启动了海易办－码上办事线上抢票系统，全面上线智游海南 App，并推出欢乐节瓜分百万"欢乐币"活动。通过 5G+ 等科技手段，探索在线旅游新模式、新体验，满足市民游客新的出游需求，带市民游客感受走进新时代、建设新海南的情怀与梦想。

（五）联动盘活全省旅游资源，让全民参与共享欢乐盛会

欢乐节期间，设置了一大主会场和五大分会场，开展 40 余场精彩的活动，并联动多个市县，同期举办 80 余场涵盖旅游、文化、艺术、体育、论坛、会展类的活动，营造出处处有风景，处处有精彩的大旅游氛围。如在世纪公园打造的缤纷欢乐大道、2021 海南岛（国际）婚庆旅游博览会、欢乐嘉年华梦幻海花岛、2021 年第三届官塘温泉文化旅游消费节、走进万家文艺小分队基层演出活动、2021 首届文昌滨海露营节等，各项活动深入群众、贴近生活，让市民游客尽享欢乐盛会。在为期一个月的时间里，中国银联联合中国光大银行共同投入约千万元资金开展欢乐券、欢乐币、消费立减等多形式的消费优惠活动，拉动全省旅游消费。活动覆盖 18 个市县 42 个综合商圈、9 家免税购物店、酒店、景区和康养社区等，约 3000 家合作商家门店参与活动，让市民游客通过欢乐节尽享购物狂欢，获得实实在在的游购娱消费优惠。

专家点评

作为举办 21 年的节庆活动，海南国际旅游岛欢乐节坚持在发展中求突破，在突破中求创新。此次节庆充分采用跨界赋能，"＋科技""＋金融""＋时尚"等元素的灵活应用，让第二十二节欢乐节的平台化思维得到了拓展，同时节庆紧紧依托和贴近市场、传承依托传统非遗文化，让节庆真正成为市民的欢乐、市民的节。此次欢乐节的打造，以节带展，以展促节，创新创意推出倒计时、欢乐驿站、椰岛欢乐嘉年华等活动，融合三大展会，创意多重主题活动，吸引了大量游客参与解锁新玩法，尤其是"小现场 大媒体"的传播理念，以及系列 VI 的视觉元素，通过游客的主动传播和多元媒体的参与互动，增加了旅游消费的同时，实现了全民参与、欢乐共享的宣传推广目标。

三星堆"沉睡数千年　再醒惊天下"传播案例

—— 四川省广汉市三星堆博物馆

一、案例简介

　　三星堆遗址位于中国四川省广汉市西北的鸭子河南岸，南距四川省省会成都 40 公里，东距广汉市区 7 公里。三星堆遗址分布面积 12 平方公里，是迄今在西南地区发现的范围最大、延续时间最长、文化内涵最丰富的古城、古国、古蜀文化遗址。其核心区域面积约 3.6 平方公里，为古蜀国都城遗址，年代约为商代。1986 年，三星

媒体报道

145

媒体报道

堆1号、2号"祭祀坑"，出土青铜大立人像、青铜神树、青铜面具、金面罩、金杖、象牙等上千件珍贵文物，"沉睡三千年，一醒惊天下"，其年代为商代晚期（距今3250～3100年），所揭示的一种独特青铜文化引起轰动，被认为是20世纪最伟大的考古发现之一。"十三五"期间，国家文物局持续支持四川省开展三星堆遗址考古调查、发掘。2019年11月至2020年5月新发现6座三星堆文化"祭祀坑"，现已出土金面具残片、鸟型金饰片、金箔、眼部有彩绘铜头像、巨青铜面具、青铜神树、象牙、精美牙雕残件、玉琮、玉石器等重要文物10000余件。三星堆遗址考古成果充分体现了古蜀文明对中华文明的重要贡献，是中华文明多元一体起源和发展脉络的实物见证。

三星堆遗址考古重大发现成果公布以来，三星堆博物馆整合平台资源，考古、文化、外宣、旅游、科技等多领域发力加强宣传推广；把握关键节点，协调中省、海外媒体强势聚焦。"三星堆遗址考古重大发现"成为"现象级"年度热词，引发海内外专家和公众高度关注。

二、具体做法

（一）整合活动策划专家智库

由省文旅厅牵头制定《三星堆国家文物保护利用示范区创建宣传工作总体方

媒体报道

案》，做好三年宣传总体策划，细化责任分工。针对三星堆遗址考古新成果发布的系列宣传，共同组建专题宣传策划组，汇集全国考古、文保、文博专家，挖掘新闻亮点，制订宣传方案。以中央电视台新闻频道"国庆阅兵直播天团"为主力军，以省文物局、省文物考古院、三星堆博物馆为顾问团，提前半年派驻央视频"国家队"跟踪策划，强有力地支撑保障了宣传效果。

（二）包装舆论话题整合推广

做好文博专家和媒体深度沟通，打破"考古""宣传"壁垒，确保让冰冷枯燥的考古知识变得有热度有活力，切实提升文物考古宣传的传播力引导力。

积极对接主流媒体，持续开展全方位、立体式宣传，为观众呈现考古挖掘、文物修复、文物展出的完整体系。央视《奋斗正青春——2021年五四青年节特别节目》聚焦三星堆考古新人；"第一时间"栏目关注三星堆假日经济；《央视频》推出"三星堆宝藏青年"特别直播；与省媒四川日报·川观新闻联合推出特别策划——堆堆Live《我怎么这么好看》MV。视频歌曲结合普通话＋四川话＋古文物＋说唱，首发当日迅速在微博、微信朋友圈刷屏。设置＃三星堆遗址考古重大发现＃＃三星堆遗址发现绝美黄金面具＃等微博话题超50个，以"屠榜"之势持续多日占据热搜话题榜前十，＃沉睡数千年　一醒惊天下＃被新浪微博设为置顶热搜，全网累计阅

147

出土文物

读超 100 亿次。微博话题"三星堆出品青铜面具冰激凌"点击量超过 1.6 亿次,"三星堆又出土一件金面具残片"等话题累计阅读超过 20 亿次。"三星堆遗址考古重大发现""三星堆选美""探宝""大立人拍手舞""诸葛亮青铜人""文物奥特曼"等"接地气有灵气聚人气"的系列宣传火爆出圈。

(三)打造媒体海外传播矩阵

①"国家队"主导。充分发挥央视总台直播影响力,调动引导境外媒体舆论风向。31 个国家和地区的 227 家电视台、频道和网络新媒体平台引用了央视总台的报道;日本 NHK 电视台、俄罗斯"今日俄罗斯 RT Ruptly"等境外媒体派出驻华记者采访报道。②"多语种"共情。央视 CGTN 英文直播《三星堆新发现》;新华社英文专线发布视频;央视总台国际在线、环球网等通过日语、波兰语、德语、俄语等多语种同步宣传;《中国日报》英文版持续关注,古老神秘的三星堆再次吸引全球目光。③"自媒体"跟进。用好推特、脸书等国外社交平台,借力网络大 V 广泛持续发声。其中

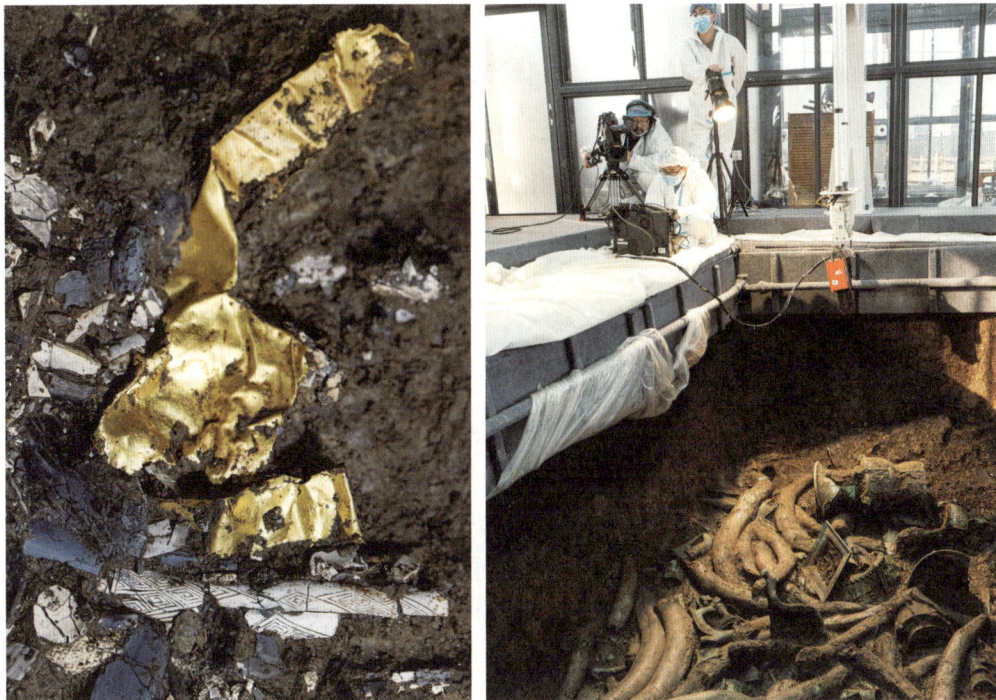

挖掘现场

Twitter"Hua Chunying 华春莹""Zhang Heqing 张和清"推送引发海外网友关注热议。

（四）探索学科交流互鉴模式

通过古蜀文明学术中心、《三星堆研究》等学术刊物、"三星堆与南方丝绸之路：中国西南与欧亚古代文明国际学术研讨会"等固有学术研讨平台，组织国内外考古专家学者和研究团队以视频或资讯共享方式持续开展三星堆文化研究，形成《三星堆共识》等科研成果十余篇（部）；联合中国社科院考古研究所、北京大学等单位举办了"国际视角下的三星堆文明"线上国际学术研讨会，美国、英国、新西兰、日本等国外知名考古学家参加会议，共同探讨三星堆考古新发现的重要意义。

三、主要成效

2021 年 3 月三星堆第一轮"上新"阶段由中央广播电视总台连续四天直播《三

星堆新发现》特别节目；5 月 28 日，由国务院新闻办公室、国家文物局、四川省人民政府主办的中华文化全球推广之三星堆活动网络同步直播成果颇丰；9 月 9 日至 11 日，中央广播电视总台再度开展《三星堆宝物清点大直播》实况报道。三场直播观看量达 6500 万，累计观看量超亿，相关话题网络发酵持续登顶热搜榜，全网累计发布图文、视频信息近 10 万条，阅读量超 300 亿。

专家点评

　　三星堆遗址考古成果充分体现了古蜀文明对中华文明的重要贡献，是中华文明多元一体起源和发展脉络的实物见证。三星堆遗址考古重大发现成果公布以来，三星堆博物馆做出了众多现象级传播案例。整合平台资源深入彻底，考古、文化、外宣、旅游、科技等多领域发力加强宣传推广，把握关键节点，协调中外媒体强势聚焦，"三星堆遗址考古重大发现"成为"现象级"年度热词，引发海内外专家和公众高度关注。三星堆整合活动策划专家智库，宣传策划有中长远计划，有步骤地发布系列成果，紧紧"黏"住广大爱好者，冰冷枯燥的考古知识变得有热度有活力，极大提升了文物考古宣传的传播力引导力。多维度设置话题，不断刷新三星堆遗址内容，以"屠榜"之势持续多日占据热搜，海外传播广泛，"多语种"共情，"自媒体"跟进，探索学科交流互鉴模式，国内外考古专家学者和研究团队资讯共享续开展三星堆文化研究，为文物活起来、火起来提供了典型示范。

"自贡彩灯·点亮世界"系列活动宣传推广案例

——四川省自贡市人民政府

一、案例概述

　　以中华优秀传统文化为根的自贡彩灯，始于唐宋、兴于明清、盛于当代，以其巧夺天工的设计、精湛绝伦的工艺、缤纷炫目的光彩名播四海、蜚声中外。近年来，自贡彩灯将新年赏灯的传统民俗发展成为集灯会演出、灯会美食、灯会夜市于

第 27 届自贡国际恐龙灯会场景

自贡彩灯点亮世界推介会

自贡中华彩灯大世界场景

一身的常态化特色文化活动，已基本形成规模，以展现彩灯文化场景为核心的自贡中华彩灯大世界景区，已成为全省文化旅游的核心拳头产品，连续多年游客接待量超过百万人次。全市登记注册具有经营彩灯业务的企业超千家，年产值超 50 亿元，已占据国内 85%、海外 92% 以上的市场份额，逐步发展成为在全国具有绝对竞争优势地位的特色文化产业和国际文化交流的桥头堡。

自贡市委、市政府主动融入全省"一核五带"文旅发展格局和巴蜀文化旅游走廊，充分发挥国家文化出口基地引领助推作用，以展现巴蜀魅力、传播中华文化为己任，以推动"三九大"文旅品牌及川灯、川酒、川剧等中国特色文化产品"走出去"为总牵引，奋力塑造以彩灯为核心的特色文旅产业优势，推出"自贡彩灯·点亮世界"系列活动。活动以"政府牵线、活动搭台、企业唱戏"模式，引导企业打破以传统节庆活动灯展为主的市场格局，将自贡彩灯作为"最中国""最四川"的文化符号之一，大力实施"彩灯 +""+ 彩灯"跨界融合，广泛链接 G20 峰会、智利 APEC 论坛、进博会、世博会、服贸会、冬奥会、大运会等全球知名展会、赛事，深度参与到政府合作、国际会议、赛事论坛、商业庆典、主题旅游、园林景区打造等领域，逐步扩大业务范围，走出了一条文旅融合、产业兴旺、品牌响亮、外贸出彩的开放之路。自贡彩灯先后荣获"最佳国际交流奖""环球灯会"文化品牌，以其独特的艺术魅力，跨越语言和国界，带动巴蜀乃至中华传统文化和特色产品"抱团出海"，已成为中国对话世界、扩大开放、构建全球互联互通伙伴关系的最好表达。进一步地推动了中国与全球的交流互鉴和民心相通。

比利时布鲁塞尔大广场"点亮欧洲心脏"元宵灯会

二、主要做法

（一）创新宣传引流思路，变"点击量"为"客流量"

1. 创新沉浸式"云观灯"

突破传统线下观灯模式，举办沉浸式"云观灯"。通过 5G+4K、8K 以及 AR 等现代科技营造灯会真实情境，让观众沉浸其中、直观体验；开展猜灯谜、汉服祈福大典、COSPLAY 展等活动，数百万观众参与互动；邀请知名主持人、百位网红达人，通过央视频、抖音、快手、微信、微博等，全程直播带动观众线上逛灯会，仅2021 年春节期间，超 6 亿人网上"云观灯"，引导自贡中华彩灯大世界线下客源持续火爆，全年接待游客 108 万人。

2. 矩阵式立体多点发声

整合宣传营销资源，通过媒体新闻报道、软文推送、网红打卡、川渝媒体"自贡灯会行"、抖音矩阵等载体，构建"线上 + 线下"媒体矩阵。国内方面，中央电视台"新闻联播""共同关注""东方时空"等栏目多次报道自贡灯会，并将自贡灯会作为央视元宵晚会分会场亮相于全国观众面前；多篇推文及短视频被央视新闻、学习强国、凤凰新闻等媒体广泛转载。国际方面，借助 CGTN、国际在线、facebook、twitter 等平台，10 余种外语轮番宣传自贡灯会，浏览量达 1630 余万人次。同时，建立以抖音平台为核心的新媒体矩阵，将景区员工、机关企事业职工、网络

四川文旅厅举办老挝推介会

拍客、网红达人作为矩阵成员，在多平台多点式统一发声，春节、五一、十一等假期，自贡中华彩灯大世界多次登上驴妈妈旅游网发布的全国热门旅游景区前十，自贡跻身国内游热门目的地前十。

3. 定向式精准推介

聚焦深杭、成渝及川南等主要客源地，开展细分游客群体精准营销。邀请自贡籍知名主持人蔡紫作为自贡彩灯代言人推介自贡灯会；充分运用短视频、超话、追光女神、游戏植入等时尚元素吸引年轻人群体；定向投放网媒广告、地铁广告、楼宇广告等，吸引家庭自驾游群体；通过旅行社宣传、户外广告、电台广告等吸引"夕阳红"群体；依托中国电信资源覆盖22组高铁列车以及成都、重庆等高铁站，将灯会推介延伸至高铁沿线；在市内人流集中地段滚动播放灯会宣传标语、主画面、宣传视频，有效扩大消费引流效应，有力推动线下灯会开园即"火爆"。

（二）创新灯会举办形式，变"节会品牌"为"综合平台"

1. 构建时代性宣传阵地

将庆祝中国共产党成立100周年、五大发展理念、建设成渝地区双城经济圈等时代主题融入灯组创意，精心策划《百年辉煌》《一起向未来》等主题灯组，以党的辉煌历程、"创新、协调、绿色、开放、共享"五大发展理念为主线，选取具有代表性的人物、事件等，再现党的辉煌历程和伟大成就。同步创新推出"彩灯+党建"精品课程，遴选50名优秀青年党员作为党史课代表，场景式、沉浸式开展党史学

彩灯代言人推介

一起向未来灯组

习教育;"巴蜀一家亲"灯组集中展示川渝地区城市的人文风情,描绘山水相连、民心相通、协同发展的美丽画卷。

2. 打造多元化常年灯会

突破传统的单一观灯模式,把中华彩灯大世界作为"场景化灯会"的承载空间,在"用彩灯讲故事"基础上,融入现代科技元素,植入沉浸式演艺、特色文创展销、创意美食品鉴等活动,全方位打造集观灯游园、餐饮娱乐、文创演艺等于一体的多元主题灯会,将单一的门票经济拓展为综合消费。将一年一度春节期间的季节性灯会拓展为常态化开园、常年性灯会,打破短周期节会经济模式,打造"永不落幕"的自贡灯会。

3. 创设场景式展示平台

按照"灯会搭台、经贸唱戏"思路,积极搭建企业宣传展示、经贸交流合作平台。深化区域协同发展,聚焦五粮液品牌、文化、产品,打造可看、可感、可玩、可赏的展示模式,在中华彩灯大世界合理布置点位、定制冠名门票,深化"彩灯+五粮液";同时携手重庆天友乳业,打造定制化场景服务,用"彩灯+天友"赋能品牌N+1模式,并深度探索"彩灯+产品"联动,打造了天友乳业旗下高端纯牛奶百特产品与自贡彩灯联名款产品,实现零成本互动,让"彩灯+"走进千家万户。

(三)创新彩灯跨界融合,变"特色文化"为"特色产业"

1. "彩灯+"拓展应用场景

创新实施"彩灯+""+彩灯",自贡彩灯先后点亮进博会、西博会、服贸会、

白俄罗斯推介会现场

冬奥会，即将点亮大运会，将自贡彩灯链接更多的国际国内知名展会、论坛、赛事、活动，扩大自贡彩灯影响力。深入实施"川灯走出去计划"，灯会办到哪里、招商引资就开展到哪里，带动川渝名特优新产品"借灯出海"。2021 年，自贡彩灯先后在"三星堆"中开展了"三星堆微缩灯会全球灯展项目"，在国内长春、昆山、西安、深圳，以及境外法国布拉尼亚克市里、法国南部盖亚克等城市用艺术彩灯形式表现，开展了各类主题灯展，让中华文明以更生动直观的方式融入人们心中。

2. "文旅+"激发消费活力

将彩灯作为推动文旅产业发展的强力引擎，策划开展"魅力盐都·安逸灯城"系列文旅活动，推出特色精品旅游线路和"云上家居购物节""云上家电节"等展销活动，发放购物消费券，充分激发消费潜力。中华彩灯大世界开园期间，市内 A 级景区接待游客量、餐饮店上座率同比增长 20% 以上。

三、主要成效

自贡彩灯从一个地方文旅品牌，提档升级实现全产业链发展，已然成为中国节庆活动的著名品牌、成为中国文化走出去的杰出代表。

2021 年，四川省文旅厅与自贡市人民政府主办的第 27 届自贡国际恐龙灯会获评驴妈妈五一、国庆假期全国热门景区前十，并获得 2021 年第十届中国旅游"奥斯卡"艾蒂亚"中国最佳夜游项目奖"、"中国最佳灯会奖"、抖音"2021 年度人气文旅品牌"等奖项，在日本、德国、英国等十余个国家开展境外直播，先后 20 次上央视，其中 5 次登上新闻联播，吸引了大量游客来到四川、走进自贡，为打造四川节庆文化品牌、壮大彩灯产业、促进国际文化交流做出了重要贡献。

同年，文化和旅游部公布了第一批国家级夜间文化和旅游消费集聚区名单，四川上榜的 6 个中，自贡中华彩灯大世界名列其中。在商务部主办的 2021 年中国国际服务贸易交易会首届国家文化出口基地论坛上，"'一带一路'传播中国声音，自贡彩灯讲好中国故事，为中华优秀文化'走出去'增光添彩"，成为论坛的热门话题。同时，自贡"智能中国彩灯节""智能仿生恐龙与文旅产业发展应用示范"两大文旅项目获评 2021 年全国文化和旅游装备技术提升优秀案例。2020～2021 年，尽管受全球新冠肺炎疫情影响，"自贡彩灯·点亮世界"仍然取得了在境外举办 100 余场、国内举办 200 余场灯展的成绩，持续在全球掀起观灯热潮。

专家点评

自贡彩灯将新年赏灯的传统民俗发展成为集灯会演出、灯会美食、灯会夜市于一身特色文化活动，多年来游客接待量超过百万人次。带动地方经济发展动力显著，年产值超 50 亿元，占据国内市场 85%、海外 92% 以上的市场份额，是在全国具有绝对竞争优势地位的特色文化产业和国际文化交流项目。产业优势明显，以灯带产、以文化进入国际会展、赛事，是全球范围内以灯为文化主题，不断扩大开放、构建全球互联互通伙伴关系传递中国文化典型案例，运用科技新手段不断扩大、巩固"彩灯老大"地位，举办常态化开园、常年性灯会，打破短周期节会经济模式，打造"永不落幕"的自贡灯会。

"自贡彩灯·点亮世界"是在国际上具有经济效益又有社会效益的成功文旅案例。

亚洲象群"北上南归"事件向世界展示"七彩云南"旅游形象

——云南省文化和旅游厅

习近平总书记在《生物多样性公约》第十五次缔约方大会（COP15）领导人峰会上发表主旨讲话时特别提到了红遍全球的云南大象的故事，在 2022 年新年贺词中，习近平总书记又一次提到云南大象北上南归。"大象旅行团"让全世界关注云南，人象和谐的画面和沿途美丽的风光，向全世界展示了云南"生态和谐、山川秀丽、风物独特、健康时尚"的旅游目的地形象。

象群"北上南归"途中

一、基本情况

2021 年 4 月,15 头云南亚洲象从西双版纳出发,途经普洱、红河、玉溪、昆明,长途跋涉 110 多天,1300 多公里,顺利回家,全程人象平安。"大象旅行团"一路圈粉无数,成为了全球瞩目的"网红"。云南亚洲象群北移是一起兼具科学事件、突发社会公共事件、国内外高度关注的舆论事件"三位一体"、多属性叠加的突发事件,云南省文化和旅游厅高度重视、敏锐反应,牢牢把握这一难得的契机,精准设置议题,把这一起偶发的野生动物迁移事件成功转化为一场对外讲好美丽中国七彩云南故事的旅游宣传推广活动,成为云南旅游宣传推广的一个经典案例。

二、活动内容与创新点

(一)强化舆论引导,统一思想认识

云南亚洲象群北移事件发生后,王予波省长作了"顺势而为,讲好云南故事"的重要批示,省文化和旅游厅迅速作出反应,邀请省委宣传部、生态环境厅、林草局等相关部门以及中央驻滇和云南主要媒体机构,召开了"落实省政府领导批示,加大'亚洲象群迁移'文化和旅游宣传推广"工作协调会,围绕"亚洲象群迁移"这一大众关注的新闻事件,安排部署文化旅游宣传推广工作。省文旅厅成立工作专班,借助新华睿思数据云图分析平台,每天了解、关注"亚洲象群迁移"相关信息,引导媒体开展文化旅游宣传。

(二)突出宣传主题,展示文旅形象

省文旅厅联合新华网策划了以"象"为主线,"人与自然和谐共生"为故事的系列报道《跟着大象逛云南·"象"滇记》,全方位展现云南神奇美丽的自然景观、壮美秀丽的山川河流、多元厚重的历史文化,引发媒体广泛关注和转载。在央视开设《"象"往何处》等专栏,推出《一路"象"北》系列融媒体产品,每天不间断持续

象群"北上南归"途中

推出图文视频报道，其中，特稿《今天，我们采访了一位国际巨"象"》等多媒体报道，以专访"当事象"的拟人化手法，向海内外网友解答象群为何北移等问题，并穿插原创短视频《"象"往何方？先喝饱再说》、网络歌曲《大象喝酒醉》、网友自拍短视频等，生动幽默、网感十足。与"云南发布"合作，持续发布大象日记，其中《"象"往的山川》《"象"往的生活》视觉独特，"云南发布"微信公众号推出"给人类的一封信"，以大象的视角，用拟人的手法浪漫地讲述了北移象群的开心经历，再现了美丽云南的良好生态、沿途群众对象群的保护关爱，充分体现了"人与自然和谐共生"这一主题，云南网《偶"象"从西双版纳而来》极富创意。此次报道，注重以国际化、网络化的语态展现云南之美通过大量珍贵的大象历史画面，大象所到之处各地美丽的人文历史、自然风光，将大象和云南的形象融为一体，既满足海内外受众需求，也满足多级受众审美，真正讲好云南故事。

（三）开展文旅 IP 征集，持续保持话题热度

为进一步深化云南亚洲象的宣传，持续保持话题热度，云南省文化和旅游厅于2021 年 10 月 9 日启动"云南亚洲象文旅 IP 征集活动"。在两个多月的时间里，活动受到社会各界广泛关注，共收到 700 多件来自全国各大高校、文创企业及兴趣爱好者的投稿作品，他们用新颖的理念、丰富的色彩、独特的创意为云南亚洲象设计

象群"北上南归"途中

出了形态多样的 IP 形象,展现出了云南独特的文化旅游资源和人文风情特色。经过初评和终评,评审专家最终评选出特等奖 1 名,优秀奖 9 名。云南亚洲象文旅 IP 征集活动的举办,进一步宣传了云南生物多样性之美,呈现了云南绿色生态亮丽名片,展示了中国生物多样性保护和生态文明建设成果,提升了云南旅游目的地形象的知名度、美誉度和影响力。

(四)推出"象往的云南"生态旅游产品

此次云南亚洲象群"北上南归"所经过的西双版纳、普洱、玉溪、红河、昆明是云南生态旅游资源较为富集的地区,省文化和旅游厅联合上述 5 个州市文化和旅游局,结合沿途生态旅游资源特点,推出了一批"文旅融合、休闲康养、户外运动、研学科考、自驾露营"跨区域的生态旅游产品,并在"游云南"App 等平台进行宣传。其中,"景迈茶山·民俗文化探索之行""探寻雨林文化·记录民族故事""向野房车·普洱 & 西双版纳""爱在西双版纳·保护生物多样性之旅"等研学科考产品深受广大青少年朋友喜爱。2021 年 12 月 4 日,以中老铁路正式通车为契机,云南省文化和旅游厅联合昆明市、玉溪市、普洱市、西双版纳州文化和旅游局以及中国铁路昆明局集团有限公司,在西双版纳景洪市举办中老铁路通车云南文化旅游推介活动,向出席活动的澜湄五国使领馆官员、中国铁道旅游联盟成员单位代表、

161

宣传海报

全国知名旅游企业代表和相关旅游协会、企业、媒体记者推介了"象往的云南"生态旅游产品。

三、主要成效

（一）人象共处，和谐共生

云南有着"植物王国""动物王国""世界花园"的美誉，生物多样性居全国之首，是中国 17 个生物多样性关键地区和全球 34 个物种最丰富的热点地区之一，也是中国重要的生物多样性宝库和西南生态安全屏障。云南亚洲象群"北上南归"事件充分展现生物多样性发展及人与自然和谐共生的生态理念。围绕 COP15"生态文明：共建地球生命共同体"的主题开展云南文化旅游宣传推广工作，集中展示云南最美景色、讲述云南最美故事、宣传"七彩云南"旅游目的地形象。

（二）形成媒体矩阵，宣传效果明显

围绕亚洲象群"北上南归"事件，形成了中央驻滇和省（州、市）媒体、线上和线下宣传推广矩阵，联动效果明显，在国内外产生了广泛影响和较好的传播效果。据不完全统计，截至2021年6月底，云南亚洲象北移相关有效信息超过67万条，参与报道的海内外媒体超过3000家，覆盖全球190多个国家和地区，全网阅读量110多亿次，全球舆论总体呈正向态势。以"跟着大象逛云南·西双版纳"等关键词在百度、谷歌等搜索引擎搜索，显示相关结果921万余条，其中百度搜索页面前10页均为稿件内容。云南广播电视台通过七彩云端推出"跟着大象看生态"短视频系列报道，从现场第一视角记录小象喝水、降温奇招、萌象打架、小象亮"绝招"等内容，在视频端口获得较多关注和点赞。《云南日报》、云报客户端联合出品《"云小象"旅行记》，获学习强国、界面新闻、昆明信息港、多彩贵州网等媒体转发超900次。省文化和旅游厅通过政务新媒体矩阵（微博、微信、头条号）渠道以及官方抖音、快手、微视、微游云南等平台，与昆明、普洱、玉溪、红河、西双版纳等州市形成联动，通过由上而下的传播矩阵，在全网端口形成"象"往云南系列报道。

（三）海内外传播，扩大影响力

根据海外受众特点，围绕亚洲象群北移原因、"追象人"故事、云南文旅形象

外媒报道

等其他主题，设计具有延伸性概念的话题，推出了多形态、多语种特稿，形成了丰富多样的议题传播矩阵，在海外媒体得以广泛传播。央视新闻直播间推出新闻特写：《被救助的小象"洋妞"》，报道了中国亚洲象种源繁育及救助中心长期以来对亚洲象的救助举措。《人民日报》刊发《救助亚洲象，一直在行动》《美丽家园，你我共守护》等深度稿件，高度关注亚洲象救助行动、云南乃至中国生物多样性保护等内容。2021年6月初，一篇名为《云南15头大象红到日本了！电视直播30分钟讨论"大象去哪儿"》，把象群北迁事件推向高潮，一时间成为全民讨论的重点，该文在日本朝日电视台的王牌新闻节目《报道STATION》中深刻解读了"大象到底要去哪儿"，引发了众多国际网友的关注。同时英、美等西方主流媒体及印度、缅甸等云南周边国家的媒体也对此事件着重关注，均称赞当地防护措施得当。国际专家学者对象群罕见的迁徙活动及由此引发的野生动物保护话题表现出浓厚的兴趣。不少国际网友也被象群睡、吃、玩、游等萌态逗乐。亚洲象已在国际社交媒体平台"吸粉"无数，云南的亚洲象群确实火到了海外。

专家点评

　　这可以称为一个顺势而为、逆势营销的旅游营销典型案例。应该说，云南亚洲象群北移事件本身是一个偶发性的，甚至会带来一定争议的事件（如早期曾被有的媒体评论为大象栖息地环境恶化所引发的事件），但该省在"顺势而为"、借此"讲好云南故事"的应对原则指导下，积极引导新闻媒体顺势进行云南旅游相关的宣传，最终"逆袭"成为媒体积极关注、大众喜闻乐道的大象"说走就走"旅行的富有生趣的新闻［这与曾经的"朝阳群众"——曾遭网友调侃、后来"顺势"转化成为积极的、重视公共安全、有担当的朝阳公民形象（符号）有异曲同工之妙］。事实上，云南亚洲象群北移事件后来还被改变为话剧《大象来了》等作品，受到青少年等群体广泛的好评，这与前期对该事件的逆势营销在逻辑上也是有一定的关联的。

"丝路魂 · 山海情"大西北主题宣传推广活动

——宁夏回族自治区文化和旅游厅

一、案例简介

宁夏是中华文明的发祥地之一，是祖国西部的一块宝地，古丝绸之路上的重要节点，新亚欧大陆桥国内段的中转枢纽，是我国华北、东北等地区通往中东、中亚最便捷的陆空通道，沿黄流域资源的汇集之地，独特的地理和气候条件成就了"塞上江南"的美誉，地形地貌多样丰富加之自然风光多姿多彩，被誉为"中国旅游微缩盆景"。

峰会现场

165

2021 年，主旋律扶贫题材连续剧《山海情》热播，让"塞上江南·神奇宁夏"的闽宁镇、宁夏葡萄酒、滩羊肉、枸杞等迅速成为网上热搜词，热播剧的辐射效应让"西北风"吹"暖"大江南北，宁夏"大西北"的旅游标签被进一步强化，市场对宁夏旅游关注度一度蹿红。银西高铁的开通运营，打通了银川至北京、上海、杭州、广州、郑州高铁的快捷之门，大西北高铁旅游脉络进一步通畅，为宁夏乃至大西北旅游开辟了全新的发展环境。

宁夏文化和旅游厅抓住主旋律热播剧契机，策划"丝路魂·山海情"主题系列宣传推广活动，打出"大西北"文旅金字招牌，将宁夏向"大西北"环线旅游目的地、中转站和国际旅游目的地方向推进，通过高峰会、行业考察、网红宣传、融媒体形式，亮出"星星故乡 神奇宁夏"的大西北名片。

二、具体做法

主要创新：紧扣热点时间和热点话题，抓住主旋律扶贫题材连续剧《山海情》引发的全国市场对宁夏关注，积极巧妙的围绕"星星故乡 神奇宁夏"宁夏旅游形象和"畅游宁夏，给心灵放个假"的价值定位，策划 2021 年市场关注度高的主题，亮出宁夏"大西北"旅游标签，策划"丝路魂·山海情"主题宣传推广活动，通过一场峰会、一组网红、两队考察、多元传播的"1+1+2+N"的形式，通过"利旧创新"的宣传推广组合拳，让延续多年的宁夏旅游形象，每年都有新内容、每年都有新产品、每年都有新线路、每年都有新热点、每年都有新业态。

亮点做法：在系列宣传推广活动中，始终紧紧围绕宁夏旅游形象"星星故乡 神奇宁夏"，通过 2021 年的主旋律热播剧，打出宁夏"大西北"旅游牌。

1. 一场峰会

在文化和旅游部资源开发司的指导下，宁夏文化和旅游厅主办了主题为"丝路魂·山海情"的首届大西北文旅高峰会，邀请西北五省（区）和内蒙古及新疆生产建设兵团文化和旅游厅（局）、主要客源市场文化和旅游厅（局）相关负责人、国内知名旅游专家、大型旅游集团、OTA、旅行社、旅游投资商和开发商等参会交流，

高峰论坛非遗展示

共同见证和揭幕"丝路魂·山海情"系列主题宣传推广活动。场内高朋满座，场外精心设置宁夏非物质遗产现场展示以及与嘉宾互动环节。会上与西北五省（区）、内蒙古文旅厅及兵团文体广电和旅游局联合发出大西北文旅项倡议书，共建大西北协作平台、共推大西北旅游名片，共筑大西北文旅高质量发展新路径。

2. 一组网红

针对热搜词中的网红地黄河宿集、沙坡头、沙湖、镇北堡西部影城、西夏陵、山海情中志辉源石酒庄等地，策划组织一组旅游和生活类网红大 V，邀请来宁夏实地打卡，用 KOL 的视角、语言和镜头，讲述"丝路魂·山海情"的宁夏大西北短视

签约仪式

峰会现场

论坛非遗嘉宾互动

频和图文故事，运作网络热门话题和热门交流内容，短时间聚集大量网络讨论。

3. 两队考察

针对热播剧后的宁夏文旅新产品、新业态和新线路，围绕"丝路魂·山海情"系列宣传推广活动，策划了"宁夏葡萄酒　当惊世界殊"和"探寻美好　大漠星空"两条考察线路，邀请携程、复星旅文、同程、去哪儿、途家、驴妈妈、阿那亚、旅悦、路书、华程国旅、小桔等来自旅行社、OTA、上市公司、投资方的代表组成考察团，分两路对新产品进行考察，并与产品供应商进行了深入交流。

4. 多元传播

邀请《人民日报》、新华社、《光明日报》、央视网、《环球时报》、中国网、中央广播电视总台发现之旅等主流媒体，以及文旅中国、中国旅游报等行业媒体和新媒体矩阵进行多元内容产生、制作与传播，通过图文和视频直播、短视频制作等多种途径和形式，助力"丝路魂·山海情"系列宣传推广活动传播，赋能宁夏"大西北"旅游标签。

三、主要成效

"丝路魂·山海情"大西北主题宣传推广活动累计产生媒体传播文章 100 余篇；现场直播的播放量近 50 万；网红达人等 KOL 制作的图文、视频共计约 200 条，当

大西北文旅高峰会非遗展示

月阅读量 6000 余万,"大西北"多次冲上微博热搜。在"丝路魂·山海情"系列宣传推广活动的助力下,借势热播剧的辐射效应,沙坡头、66 号公路、黄河宿集、星星酒店、西夏陵、沙湖、贺兰山、岩画、镇北堡、青铜峡等一批宁夏旅游景区多次刷爆朋友圈,在后续年度旅游宣传中,宁夏"大西北"标签,成为 2021 年一股旅游营销新势力。

专家点评

  "影视营销"是旅游目的地宣传推广比较高效的手段之一,但是"影视营销"的成功需要合适的契机。电视剧《山海情》的高收视率为宁夏的旅游宣传提供了非常好的营销基础,宁夏文化和旅游厅及时跟进,乘着电视剧热映的东风,又借助网络营销的流量效应,结合常规旅游宣传推广措施,向旅游市场尽情展示宁夏的自然风光和人文情怀,收到了较好的宣传推广效果。本次主题宣传推广活动还有三个亮点:一是宣传主题将"山海情"三个字突出出来,同时加入了"丝路"的概念,既能吸引注意,又能体现特色;二是宣传推广的内容加入了当代流行元素,包括宁夏一直主推的"星空"要素,助力品牌打造,延续了目的地形象的一致性;三是将目的地的范围扩大到"大西北"的概念,并与相邻省份进行联动,有助于旅游者整体目的地形象认知的形成,增强本地的吸引力。

"乘着歌声游新疆" 音乐旅游推广活动

——新疆维吾尔自治区文化和旅游厅

音乐作为旅游资源的一个重要部分，影响着人们旅游的行为和动机。好的歌曲可以成为一种无处不在的介质，增强一个地区的知名度、核心竞争力和软实力。

为深入实施"文化润疆工程"和"旅游兴疆战略"，提升新疆旅游的知名度、美誉度和软实力，20121 年新疆维吾尔自治区文化和旅游厅大力推进"音乐 + 旅游"建设，把歌曲作为提升新疆旅游影响力的一个重要抓手进行运作，全新创意、高位推出了文旅融合新品牌——"乘着歌声游新疆"，以音乐为引擎，开辟出了旅游宣传的新路径。

走进喀什古城

170

一年来，"乘着歌声游新疆"将音乐和旅游跨界组合，以"一首歌唱响一个景区，一首歌点亮一座城市"为宗旨，充分发挥新疆"歌舞之乡"的资源优势，深挖新疆音乐的独特魅力，推出了一批新的旅游歌曲，绘制出了新疆的旅游音乐地图，并发挥品牌带动效应，吸引更多游客来到新疆，开启了文旅融合的全新模式和风向标，成为推动新疆文旅融合发展的强劲动力。

一、引领"音乐旅游"风向标

乘着歌声游新疆，从春天出发！作为全新创意的系列宣传推广活动，"乘着歌声游新疆"品牌首先推出了新疆首档文旅微综艺"乘着歌声游新疆"。2021 年 3 月，杏花盛开的季节，新疆首档文旅融合微综艺"乘着歌声游新疆"，在托克逊杏花园正式开拍，主创团队吸引了新疆乃至国内优秀的歌手、乐队和音乐制作人纷纷加入，引燃全场，带领游客体验了一场与众不同的新疆音乐之旅，释放出了新疆音乐的无限魅力，开创了音乐 + 旅游，以及现场乐队景区路演的全新模式。

以创新开启文旅之路，用态度铸就文旅品牌。首场景区路演的成功，无疑给新疆文旅人注入了一剂强心剂。"乘着歌声游新疆"从一开始创办，就按照新疆鲜明的季节特色在新疆著名景区以现场路演的方式进行拍摄，并推出系列歌曲 MV，深入挖掘歌曲背后的故事，全方位宣传新疆、推介新疆。从百花盛开的伊犁河谷，到万马奔腾的昭苏草原；从历史悠久的喀什古城，到魏峨险峻的"冰山之父"慕士塔格峰，歌声中的新疆美景为观众拉开了一幅幅大美新疆的音乐电影。"乘着歌声游新疆"足迹遍布天山南北，走进沙漠、绿洲、湖泊、草原和城市，为新疆著名景点和景区量身打造新的旅游歌曲，用镜头和美妙的音乐记录和歌唱新疆的美景美食、风土人情和城市乡村的新发展新变化，为美丽的新疆插上了音乐的翅膀。

截至目前，"乘着歌声游新疆"策划拍摄了托克逊杏花园为代表的"杏花季"、乌鲁木齐为代表的"城市音乐季"、赛里木湖为代表的"夏日音乐季"、以喀拉峻景区为中心的"草原音乐季"和以喀什古城为代表的"丝路音乐季"等大型主题音乐季，共录制推出了 52 期网络微综艺节目，迅速成为 2021 年比较火热的一个文旅微综艺品牌，引领音乐旅游新的风向标。

走进喀拉峻草原

走进赛里木湖

二、培育"音乐导游"新理念

"乘着歌声游新疆"系列宣传推广活动不仅推动文旅宣传工作融合创新，还助力提升区域内原生原创能力，为不断探索适合网络传播的有意思、有意义的节目形式，独家提出了"音乐导游"的全新理念，邀请和招募了塔斯肯、洪启、阿不都拉、阿尔法、尕尕、玉米提、安明亮、吐洪江、穆言、阿迪拉、刘科、郑玉帆等众多国内和本土优秀音乐人参与录制和演出，由歌手担任"音乐导游"现场出境，用体验式、沉浸式旅行的方式，以轻松活泼的语言，全方位多角度推介新疆旅游资源。

值得一提的是，参与录制的歌手们都非常喜欢"音乐导游"这个新身份，每次出镜都格外认真，跟着摄制组早出晚归，出色地完成了紧张紧凑的拍摄录制任务，所到之处受到了游客和各族群众的围观和喜爱。截至目前，"乘着歌声游新疆"的音乐导游们向全国游客推介了 60 多个新疆旅游线路的游玩、体验攻略，用实际行动为新疆代言，受到观众的广泛好评，在全网引发了示范效应和传播效应。

三、绘制旅游音乐地图

"乘着歌声游新疆"，将"一首歌唱响一个景点"的节目理念贯穿始终，一方面，挖掘和鼓励本土创作力量积极参与创作，打造推出了《吐鲁番的情歌唱不完》《爱在乌鲁木齐》《石榴相依》《游新疆》《美丽新疆好地方》《高台高台》《月亮一样

新疆音乐旅游地图

的姑娘》等一批新的旅游歌曲。同时，号召汇集全国词曲作者为新疆写歌，面向全国发起歌曲征集评选活动，短短三个月收到全国各地音乐人发来的新创旅游音乐作品305首，建立了丰富的歌曲资源库。

以"新歌唱响，老歌新唱"的思路，绘制出了100首歌曲为脉络的《新疆旅游音乐地图》，让游客在新疆体验到难忘而美妙的音乐之旅，将这些歌曲与旅游建设完美融合。比如，"新疆旅游音乐地图"上，吐鲁番对应一首老歌《吐鲁番的葡萄熟了》，一首新歌《吐鲁番的情歌唱不完》，游客扫描地图上的二维码就可以同时听到这两首歌曲，并获取吐鲁番旅游攻略，注入创新活力，以生动活泼、更易于传播的方式，更彰显出以文促旅的效能。

四、产生强大的传播效应

"乘着歌声游新疆"每期节目，在"新疆是个好地方"全媒体平台、学习强国、新疆日报石榴云、新疆广播电视台、喜马拉雅、韩国大使馆、中国驻吉达总领馆、"乘着歌声游新疆"官方抖音号、视频号等平台同步播出。央视频、人民网、新华网、中国日报网、腾讯、爱奇艺、优酷、新浪微博、B站等媒体同步播出推广，形成了强大的传播平台和宣传矩阵。

2021年3月23日，同名主题歌《乘着歌声游新疆》全网首发，短短12小时火爆全网，单条视频点击量达1200万人次。8月14日，与央视频合作推出了"七夕恋歌——乘着歌声游新疆"6小时不间断直播，受到了全国网友广泛关注和纷纷留言点赞。2021年，"乘着歌声游新疆"全网文字类推广2200万条，全网视频播放量、点击量3.5亿人次，凸显强大的集群传播效应。2021年11月25日，"乘着歌声游新疆"荣获国家广电总局2021年"弘扬社会主义核心价值观共筑中国梦"主题原创网络视听节目征集推选和展播活动优秀节目。作为新疆维吾尔自治区文化和旅游厅推动文旅融合发展的创新举措和创意活动，"乘着歌声游新疆"已成为新疆文旅特色品牌，撬动文旅融合发展新亮点。

音乐是旅游宣传的重要利器，好的歌曲可以称为一种无处不在的介质，增强一个地区的知名度、核心竞争力和软实力。"乘着歌声游新疆"正在进一步创新思路，不断拓展品牌的广度、深度与厚度，推进"歌曲进景区"建设，力争让这些歌曲在大街小巷和景区唱响，并通过各种媒介把歌曲向国内外传播，以"请进来和走出去"相结合的方式，走进19个援疆省市进行推介路演，用音乐立体化、多层次展示和宣传新疆，提升新疆的知名度和美誉度，吸引更多游客来新疆旅游。

专家点评

新疆以歌曲提升旅游影响力，有创意，选题贴切区域文化与风情，把握住了消费者对新疆的认知，创意新、影响力广泛，开辟出了新疆独有的旅游宣传新路径。

一年四季形式多样、主题鲜明的音乐季全方位宣传新疆、推荐新疆。用旅游音乐地图串联起全疆各主要旅游景区，新老歌曲的结合更是引起众多游客对新疆的向往。

"音乐导游"的设立独具一格，用活了音乐人为新疆代言。强大的传播矩阵和广泛的传播途径确实为新疆成为一生必去旅游目的地助燃了一把，今年新疆迎来的旅游热潮无不反映出"乘着歌声游新疆"营销策略的成功！

"我心中的长城"国家文化公园宣传推广活动

——中国旅游报社

一、案例简介

（一）实施背景

为进一步深入贯彻落实习近平总书记关于长城文化保护传承弘扬和国家文化公园建设重要指示精神，务实推进长城国家文化公园建设，加强宣传长城资源，扩大以长城为代表的文化文物的影响力和知名度，中国旅游报社于2021年度策划实施了"'我心中的长城'文化传播工程——长城国家文化公园系列宣传推广活动"（以下简称"活动"）。

该活动结合新时代特点，设置内容丰富，表现形式新颖，旨在大力弘扬长城精神，传播长城文化，促进做好长城文化价值挖掘和文物遗产传承保护工作，推动长城文化与时代元素相结合，让全社会进一步关注长城国家文化公园建设，促进长城历史文化的活态传承。

（二）推广方式

中国旅游报社围绕长城国家文化公园沿线15个省（区、市），通过举办"长城万里行"全球长城文化主题品读活动、拍摄《筑梦长城》《一百天走遍长城》等纪录片、举办长城文化发展论坛等活动，构成"实地体验＋媒体传播＋影视制作"的立体宣传推广模式，进一步强化对长城全线的文化研究、发掘、阐释力度，总结梳理长城文化工作经验，展示长城文化发展成果，打造长城文化传播高地，有力推动长城国家文化公园建设宣传推广工作。

二、活动内容与创新点

（一）开展系列宣传推广活动

为加强对长城沿线各省（市、区）重点段和旅游资源的研究认识和普遍传播，中国旅游报社采用实地考察"打卡"、精品影像创作等推广方式，为长城沿线各地进行更全面、更深入的宣传，形成更具规模、更系统的全方位传播矩阵。

1."长城万里行"全球长城文化主题品读活动：在游览中亲身体会长城文化，推动长城文化走向世界

（1）官方推荐，重点"打卡"。邀请文化名人、国内文化旅游专家、长城文化研究专家、长城文物保护专家、长城保护员、行业领域代表、外国文化使者、长城文化爱好者、网络意见领袖（KOL）、旅行达人、媒体代表等担任"长城文化体验官"，按照"规划设计体验线路内容—亲身游览实地'打卡'体验—分享推广传播内容"的步骤，通过不同视角进行艺术创作与全网传播，同时开启"云参与""云游览"等多种传播模式。

首届长城文化发展论坛现场

（2）创新形式，串联推广。联合沿线城市陆续开展"长城万里行"全球长城文化主题品读活动。活动首站以"沿辽西走廊望长城·在山海之间品文化"为主题，于2021年10月在辽宁葫芦岛正式启动，对辽宁长城国家文化公园重点项目进行体验，并在首届长城文化发展论坛上进行现场推介。

（3）角度新颖，反响热烈。以"国际化的视角＋新媒体的传播方式＋接地气的表现形式"推广长城文化和旅游资源，"长城万里行"品读活动中创作的精品Vlog在线上平台广泛传播，线下分享受到参会者的极大欢迎。

2.《筑梦长城》《一百天走遍长城》等纪录片：用影像放大长城沿线文旅资源亮点，融合时代元素走入人心

（1）长城文化，文旅融合。坚持以展现长城国家文化公园建设成果、推广地方长城资源、推动地方文旅宣传为核心，聚焦长城国家文化公园沿线15个省（区、市）"长城精品旅游线路"，打造集体验、综艺、科普于一体的文化和旅游系列纪录片，用精品影像讲好新时代长城故事。

（2）时兴热点，寓教于乐。用当下广受欢迎、大众喜闻乐见的真人体验表现方式，采用穿越扮演、故事还原、情景再现、情节探秘、综艺闯关、文体活动等多种创作方式，发现长城各点段的专属特色。

（3）特色推广，推广特色。为参与的长城各点段设置"特色环节"，加强宣传推广记忆点。以长城国家文化公园为串联，寓教于乐科普推广。围绕当地特色旅游项目、地标旅游景点、博物馆、纪念馆、陈列馆、展览馆、非遗传习、风土民俗体验等，在纪录片中塑造各地方"专属精彩看点"。全流程精准聚焦，全媒体多维度传播。

（二）打造长城文化发展论坛品牌

"长城文化发展论坛"由国家文化公园建设工作领导小组办公室指导，中国旅游报社承办，通过每年举办一届搭建长期稳固的长城文化发展交流合作平台，推动形成新时代长城文化发展的强大合力。

首届"长城文化发展论坛"于2021年12月在万里长城的东端起点虎山长城的所在地辽宁丹东举办。以"东端起点"切合"首届论坛"，围绕"弘扬长城精神文化，进一步坚定文化自信"的核心思想，定以"文明的脊梁"为主题开展。

1. 精品宣传片：深入了解举办地文化内涵，围绕长城特色文旅资源与建设成果，展现其新面貌、新形象

为首届长城文化发展论坛举办地特别打造《筑梦长城·辽宁篇》专题宣传片，并在论坛上首播。宣传片包含建设背景、长城资源、文化价值、精神内涵、重大意义等方面，重点展现虎山长城、九门口长城、兴城古城等辽宁重要的长城国家文化公园地标，以特色文化线路为串联，整合周边乡村各类文化、旅游、非遗资源，在重点凸显旅游资源的基础上，融入长城保护员等人物故事，集中展示辽宁长城所具备的文化内涵，用影像产生情感共鸣，传递长城精神、长城文化。

2. 东西对话：跨时空展示了东西端长城一脉相承的文化内涵和独特的长城文化魅力

万里长城东西端历史性对话环节是"首届长城文化发展论坛"的重要创新点，会前做了充分准备工作，进行了《东西对话》宣传片的前期录制，在论坛现场精彩亮相。论坛现场特邀丹东、嘉峪关两市政府相关领导进行跨越千年首次握手及交换礼物，并围绕长城分别对两地旅游发展情况进行介绍。推进长城文化融合发展，筑牢交流合作的"友谊之桥"，携手开启弘扬传承长城文化的新征程。

3. 长城沿线 15 个省（区、市）共同发出倡议：凝聚起共同推动长城国家文化公园建设的磅礴力量

"首届长城文化发展论坛"上，由论坛举办地辽宁省为发布代表，长城沿线 15 个省（区、市）共同发出"弘扬长城文化 共铸文明脊梁"倡议书，达成了发展长城文化的强烈共识，形成了良性互动局面。其中，河北省、山西省、吉林省、山东省、河南省、甘肃省、青海省派代表到现场参会，其他省（区、市）配合疫情防控线上参与。

倡议中提出，长城沿线省（区、市）可充分利用各自长城主题专网、专题和专栏，采取互动方式进行宣传。联手开展长城主题节庆活动，共同开展长城文化精品创作，联合举办非遗、红色资源巡展等活动；开展跨区域文化旅游合作，充分整合长城资源，形象诠释长城文化，赋予长城主题旅游体验以文化内核，形成资源共享、客源共享、优势互补、错位发展的良性互动局面。进一步联动长城全线，争取打造"可持续性"的长城文化系列活动。

东西对话环节现场

4. 长城文化传播主题演讲、长城国家文化公园建设专题沙龙：为高质量推动长城国家文化公园建设提供学术支撑、贡献智慧力量

论坛现场邀请行业专家学者代表，从文化、考古、建筑、文化遗产、文化传媒等多角度，围绕长城价值挖掘、文物遗产保护、传播长城文化等话题正式发言交流，充分挖掘长城文化在弘扬民族精神等方面的重要价值和作用，探讨长城国家文化公园的建设路径。一系列掷地有声的真知灼见，进一步明确长城国家文化公园建设的重要意义，为在新的起点上传承弘扬长城文化提供新的载体，得到与会代表广泛好评。

5. 延伸展示推介：丰富内容，全面呈现，让影响不止于论坛

论坛特别印发《壮美长城在辽宁——辽宁长城概览》画册；会场外搭建长城文化非遗作品和文创作品主题展，邀请非遗传承人现场展示。论坛后，组织与会嘉宾共同到鸭绿江断桥、虎山长城、抗美援朝纪念馆进行实地考察。通过一系列内容，最大化展现举办地文旅资源，打造一场内容丰富的文化盛宴。

三、主要成效

本次活动为加大宣传力度，扩大传播影响力，采用了实时传送、线上云游、同步直播、全网传播等推广方式，打破了地域及疫情的阻碍，增强活动参与感，引发社会的高关注度。

主要活动"长城文化发展论坛"当日，线上直播参与人数超 10 万人次。通过对论坛相关的新闻、微博、论坛、纸媒、博客、贴吧、问答、微信公众号、App、自媒体平台等全网信息进行舆情监测与分析，共监测到与此次论坛相关的舆情传播共计 4299 条，包括网络媒体 373 条，微信 433 条，微博 428 条，广播、电视、报纸等 668 条，自媒体平台 761 条，APP 客户端新闻 572 条，其他论坛、贴吧、博客、视频等信息 1041 条，境外媒体 23 篇。其中，《人民日报》特别刊发论坛相关信息。

此外，活动严格制定疫情防控预案和执行有效措施，认真贯彻落实意识形态工作责任制和中央八项规定及其实施细则精神，依法依规做好筹备和执行工作，按照专业、创新、务实、节俭的原则，将活动办出特色，体现文化高度。在各级领导的支持重视与有关单位的高度配合下，共同打造了一场具有影响力的国家级长城文化论坛盛宴，得到了业界广泛好评。

中国旅游报社通过举办活动，深入挖掘长城历史价值、文化价值、景观价值和精神价值，并借助各大新媒体平台，创新实现了"全线传播，重点宣传"的推广模式，日后将加大力度持续推进长城文化系列品牌 IP 活动，使之成为新时代弘扬民族精神、传承中华文明、宣传中国形象、彰显文化自信的亮丽名片。

专家点评

　　该案例围绕国家重大文化工程长城国家文化公园的沿线 15 个省（区、市），通过举办"长城万里行"全球长城文化主题品读活动、拍摄《筑梦长城》《一百天走遍长城》等纪录片、举办长城文化发展论坛等"组合拳"活动，构建了"实地体验＋媒体传播＋影视制作"的立体化宣传推广模式；活动进一步强化了对长城全线的文化研究、发掘和阐释力度，有利于总结梳理长城文化工作经验，展示长城文化发展成果，打造长城文化传播高地，进一步推动长城国家文化公园建设宣传推广工作。希望在"宏大叙事"宣传过程中也能呈现一些"小微"的、更接"地气"的营销小品。

"最美风景在路上"
自驾游主题文旅活动

——中国文化传媒集团有限公司

　　为落实党的十九大和十九届历次全会精神以及"十四五"规划和2035年远景目标纲要，加快推进文化和旅游发展，中国文化传媒集团在文化和旅游部指导下，积极践行社会责任，针对疫情防控常态化形势下"小聚集、大空间"的旅游新需求，于2021年1月启动"最美风景在路上"自驾游主题文旅活动。活动致力于深度挖掘全国特色主题自驾游线路及旅游目的地属地文化特色，打造一批精品自驾游主题线路产品。通过全新的沉浸式自驾体验，满足广大人民群众不断增长的、多样化的旅游消费需求，形成"政府指导、各省接力、企业参与、媒体联动、全民共享"的自驾旅游新模式，全面带动线路上的吃住行游购娱等相关行业协同发展，推动区域文旅产业焕发新活力，进一步提振和扩大旅游消费能力。

　　活动以文旅中国客户端为核心，依托文化和旅游行业媒体宣传联动机制，聚合文旅行业各类平台资源和优势，组织开展贯穿全年的线上、线下主题活动。2021全年共征集13.8万条自驾游主题线路，经过海选、票选发布了四季度全国自驾游精品线路40条。根据每季度发布的精品线路，落地完成自驾游主题采风活动6场，涉及31个省、市、自治区，并联动中央媒体、主流媒体、专业媒体、旅游达人制作发布稿件2000余篇、小视频315个，专题5个、海报20个以及活动主题曲1个，微博话题阅读量达7.7亿，总宣传曝光量达13亿次。具体工作如下：

一、整合全媒体资源，多方式、多渠道、多角度发声

开通活动专题、发起话题推动热点传播、整合全媒体资源、聚合线上线下资源优势，全面开展活动宣传推广工作，最大化撬动社会传播力量，形成全方位、多角度、立体式全媒体宣传矩阵。

（一）联动各行业代表齐发声

制作"最美风景在路上"自驾游主题文旅活动宣传片，并邀请各省市文化和旅游厅（局）、行业代表、媒体代表、央企代表以及明星、奥运健儿、旅游达人等 42 人参与线上宣传活动，产出宣导视频 42 个、海报 48 个，最大化撬动社会传播力量，共同助力疫后旅游复苏。

（二）多个媒体平台设置"最美风景在路上"自驾游专题

文旅中国客户端、腾讯新闻、百度 App、百度好看视频、走吧网、爱卡汽车等多个媒体平台设置"最美风景在路上"自驾游专题，共发布视频、音频、图文、文章超过 2000 篇。百度 App 阅读量 3297.6 万、百度好看视频阅读量 411 万、腾讯新闻阅读量 240 万、爱卡汽车阅读量 264 万、文旅中国阅读量 715 万。

活动宣传片及各行业代表部分图片展示

百度App、腾讯新闻、爱卡汽车、好看视频活动专题

（三）热点话题带动数亿次传播量

在新浪微博、腾讯新闻、百度App建立活动热点话题互动，其中仅新浪微博话题阅读量就达7.7亿。

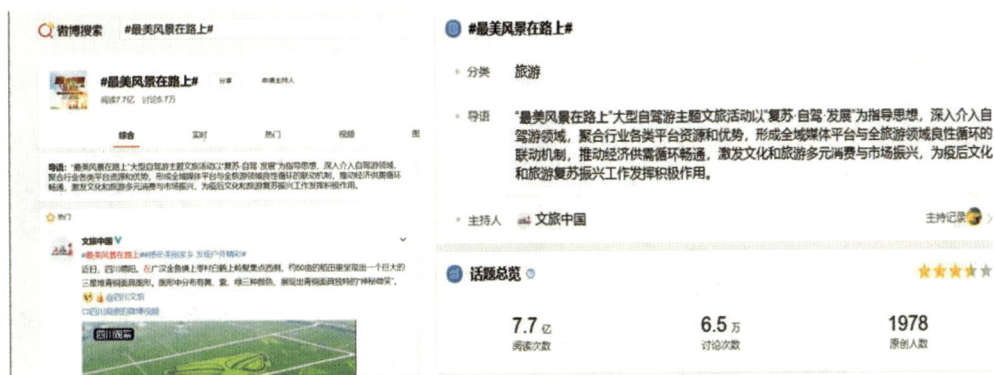

自驾游活动新浪话题前端展示　　　　　　　　　　　自驾游活动新浪话题后台数据

（四）权威媒体、流量媒体持续为活动发声

中国经济网、新华网、《环球时报》、中国青年网、《潇湘晨报》、环球旅游周刊、今日头条、一点资讯、搜狐新闻、光明网、深圳热头条、汽车之家等30家媒体平台发布"最美风景在路上"自驾游宣传稿件。

（五）借助旅游达人的创作力量多角度宣传旅游线路

文旅中国组织开展文旅号的旅游达人征集自驾游稿件，共有 300 名旅游达人参与，产出 512 篇文章。

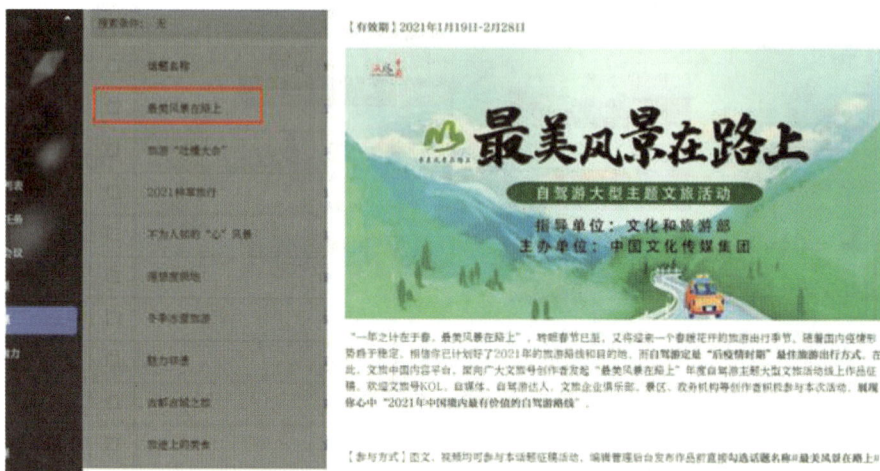

文旅中国发起旅游达人征集活动

（六）制作主题海报和城市宣传展示

制作自驾游主题和城市旅游宣传海报 12 个，并在文旅中国客户端和新浪微博活动话题进行展示。

自驾游主题宣传海报

城市、景区宣传海报

（七）联动主流媒体开展自驾游线上互动活动

文旅中国联合腾讯新闻共同制作开展"最美风景在路上"自驾游互动闯关游戏，结合"最美风景在路上"自驾游十大主题场景设置不同的关卡，每个主题设置3道问题，用户需找到特定物品才能参与答题，10个关卡顺利通关后，可直接生成一张新年祝福电子明信片，参与者可填写祝福寄语转发给亲朋好友。活动于2021年春节前上线，参与人数达21.3万人次。

"最美风景在路上"自驾游互动闯关游戏页面展示

二、挖掘全国特色主题旅游线路，全网征集，全民参与

（一）自驾游线路征集

为挖掘全国特色主题旅游线路，树立中国旅游新形象，组织开展"最美风景在路上"自驾游主题线路征集活动。中国文化传媒集团自主研发"智能自驾游线路征

文旅中国联动各媒体平台共同发起自驾游征集活动

"最美风景在路上"自驾游活动征集页面

集"页面，围绕十大主题全年征集自驾游线路。同时联合主流媒体、专业媒体共同发起，全年共征集线路 13.8 万条，其中新能源主题 13273 条，康养主题 12162 条，民俗主题 1394 条，毕业主题 10085 条，乡村主题 9816 条，研学主题 19728 条，非遗主题 11766 条，休闲主题 19725 条，红色主题 18997 条，亲子主题 21054 条，最终形成全民参与、全民互动、全民体验、全民共享的自驾旅游活动。

（二）自驾游线路季度发布

围绕春、夏、秋、冬评选发布四季度精品自驾游主题线路 40 条，对线路中的行程规划和线路特点进行点评并编辑线路路书，全网宣传。

自驾游精品线路路书

三、深入介入自驾游领域，打造全新的沉浸式自驾体验

为全面贯彻落实党中央有关复工复产及发展文化和旅游消费的决策部署，激发文化和旅游多元消费与市场振兴，自驾游主题活动深度挖掘推介全国特色主题自驾

线路及旅游目的地属地文化特色，开展丰富多彩的自驾游主题活动。"最美风景在路上"自驾游活动全年共组织 6 场落地活动，涉及 31 个省、市、自治区，全面带动线路上的食住行游购娱等相关行业协同发展。

（一）"最美风景在路上"江苏溧阳主题营地活动

2021 年 3 月 26 日，"最美风景在路上"自驾游活动在江苏溧阳夜赞营地开展 72 小时最美风景在路上主题营地活动。活动包括互动游戏、小吃街游览、创意表演等内容，通过自驾游营地活动打造最美风景目的地。

"最美风景在路上"自驾游主题营地宣传报道　　"最美风景在路上"自驾游主题营地活动

（二）"最美风景在路上"浙江宁海活动

围绕 2021 年中国旅游日"绿色发展、美好生活"的主题，5 月 19 日在浙江宁海举办"最美风景在路上"全国夏季自驾游推广季启动仪式活动。活动现场发布了"最美风景在路上"第二季度全国夏季自驾游精品线路，并启动"最美风景在路上"全国夏季自驾游推广季活动。

"最美风景在路上"自驾游活动第二季度线路发布　　"最美风景在路上"自驾游浙江宁海活动启动仪式　　"最美风景在路上"自驾游浙江宁海活动发车仪式

（三）"最美风景在路上"浙江云和活动

中国文化传媒集团与浙江省文化和旅游厅、云和县人民政府联合开展"最美风景在路上"遇见云和梯田开犁节活动，旨在通过"最美风景在路上"自驾游活动为浙江打造更多精品自驾主题线路，发掘更多优质旅游目的地服务产品，吸引更多旅游人群实地感受以云和为代表的"诗画浙江"的无限魅力。

（四）"最美风景在路上"辽宁自驾游活动

结合建党百年红色主题，中国文化传媒集团、辽宁省文化和旅游厅、辽宁省退伍军人事务厅联合举办"最美风景在路上·抗美援朝保家卫国"自驾游活动。活动历时2天，组织主流媒体、旅游达人、自驾游民众50辆红旗车队开展自驾游活动。路线以沈阳市抗美援朝烈士陵园为起点，途经丹东市抗美援朝纪念馆、丹东市鸭绿江断桥景区、丹东市中国人民志愿军空军青椅山机场旧址，十名kol共产出55条内容，阅读量达1781万。活动以"自驾"为契机，整合辽宁红色旅游资源，丰富旅游产品和线路，进一步提升辽宁的旅游品牌知名度与影响力，更好更快地推动辽宁旅游产业高质量发展。

"最美风景在路上"自驾游辽宁活动现场

"最美风景在路上"自驾游辽宁活动现场授旗

"最美风景在路上"自驾游辽宁采风活动

辽宁自驾游活动旅游达人采风和网络传播

（五）"最美风景在路上"中国边境自驾游活动

结合建党百年主题，2021 年 7 月 1 日，文旅中国联合走吧网共同开展"最美风景在路上"中国边境自驾游活动，用车轮来丈量祖国的大好河山。车队由 25 辆车、自驾爱好者 65 名人员组成，沿着祖国边境逆时针画个圈，历时 100 天，行驶里程 3.5

"最美风景在路上"中国边境自驾游线路路书

"最美风景在路上"中国边境自驾游活动边境打卡　　　"最美风景在路上"中国边境自驾游活动

万公里。行程从上海、丹东、长白山、漠河、额尔古纳到满洲里；从阿尔山、锡林浩特、额济纳旗到敦煌；从哈密、喀纳斯、那拉提、巴音布鲁克到喀什；从塔莎古道、叶城、阿里、珠峰大本营到拉萨；从林芝、察隅、察瓦龙、丙中洛、独龙江到东兴；从湛江、三亚、深圳、鼓浪屿、霞浦到上海。

（六）威海"最美风景在路上"畅游最美旅游公路活动

10月25日，由中国文化传媒集团、山东省文化和旅游厅、威海市人民政府联合举办的"最美风景在路上·畅游美丽中国（威海）自驾行"活动在威海启动。活动中发布了第三季度全国"最美风景在路上"自驾游精品主题线路，并为"最美风景在路上"打卡点落户威海进行揭牌。"最美风景在路上·畅游美丽中国（威海）自驾行"活动为全国自驾游发展提供经验案例与发展方向，将从实践中盘活旅游资源，助力自驾游高质量发展，打造一批全国知名的自驾旅游目的地，擦亮美丽中国自驾行的品牌。

2021年"最美风景在路上"自驾游活动，深入介入自驾游领域，聚合文旅行业各类平台资源和优势。一是组织中央媒体、专业媒体、主流媒体，OTA平台的媒体人与旅游达人组成采风组，进行全流程宣传和制作精良的短视频、小视频、图文等形式多样的内容，利用强势推广资源进行最大化的内容生产孵化，为各省打造"网红"自驾主题线路，全面带动线路上的食住行游购娱等相关行业协同发展。二是通过专业媒体帮助各省打造、挖掘可持续性的特色主题线路，结合主题营地、线路征

"最美风景在路上"自驾游威海活动启动

集、主题宣传展演等丰富多彩的形式，打造贯穿全年并可持续落地的旅游目的地活动，为省内用户和跨省旅游人群提供优质的旅游目的地服务产品。

为了更好实现文化赋能旅游产业，带动经济发展，以多元融合的方式促进文旅深度融合，在 2021 年度自驾游系列活动的基础上，2022 年将继续深挖全国特色主题自驾游线路，打造一批文化特色鲜明的旅游目的地，发布专项旅游线路和定制化旅游产品。大力发展特色公路旅游、海洋文化旅游、非遗旅游、美食旅游、红色旅游、时尚赛事等精品自驾文化和旅游项目。

专家点评

该活动是在全面贯彻落实文化和旅游部复工复产及发展文旅消费的决策部署，应对疫情防控常态化的前提下，针对"小聚集、大空间"的旅游新需求，重点将"自驾游"作为推进各省旅游复苏、发展的产品，以"复苏·自驾·发展"为主题，聚合行业各类平台资源和优势，形成"政府指导、协会运作、企业参与、媒体联动、全民共享"自驾游旅游新模式。案例的定位聚焦较为精准、对营销资源的整合力度大，推出的诸如十大最美主题自驾线路等产生了积极的推广效果。希望龙头集团能继续发挥资源、平台优势，用更创新的传播理念和传播方式，更好服务于国家文化旅游战略行动。